本书受山东省自然科学基金项目"收入□□□
能视角下山东结构性改革的原因与优化路径□□
（编号：ZR2021MG030）资助

以提升劳动生产率为重点
推进中国供给侧结构性改革：

经济增长势能的视角

周卫民◎著

中国财经出版传媒集团

经济科学出版社

Economic Science Press

·北京·

图书在版编目（CIP）数据

以提升劳动生产率为重点推进中国供给侧结构性改革：
经济增长势能的视角/周卫民著 . -- 北京：经济科学
出版社，2024.4
ISBN 978 - 7 - 5218 - 5815 - 0

Ⅰ.①以…　Ⅱ.①周…　Ⅲ.①中国经济 - 经济改革 -
研究　Ⅳ.①F12

中国国家版本馆 CIP 数据核字（2024）第 075665 号

责任编辑：郑诗南
责任校对：徐　昕
责任印制：范　艳

以提升劳动生产率为重点推进中国供给侧结构性改革：
经济增长势能的视角

Promoting the supply-side structural reform of China by improving labor
productivity：Economic growth potential energy perspective

周卫民　著

经济科学出版社出版、发行　新华书店经销
社址：北京市海淀区阜成路甲 28 号　邮编：100142
总编部电话：010 - 88191217　发行部电话：010 - 88191522
网址：www. esp. com. cn
电子邮箱：esp@ esp. com. cn
天猫网店：经济科学出版社旗舰店
网址：http：//jjkxcbs. tmall. com
北京季蜂印刷有限公司印装
710 × 1000　16 开　13.5 印张　195000 字
2024 年 4 月第 1 版　2024 年 4 月第 1 次印刷
ISBN 978 - 7 - 5218 - 5815 - 0　定价：68.00 元
（图书出现印装问题，本社负责调换。电话：010 - 88191545）
（版权所有　侵权必究　打击盗版　举报热线：010 - 88191661
QQ：2242791300　营销中心电话：010 - 88191537
电子邮箱：dbts@ esp. com. cn）

此研究受山东省自然科学基金项目"收入增长势能视角下山东结构性改革的原因与优化路径研究"(编号：ZR2021MG030）资助

前　　言

我国突出的经济结构性问题主要在于经济转轨过程中行政垄断等体制性遗留拉大了经济差距,过大差距使要素与资源在效率高低两端主体之间的流动不畅,经济差距过大也使得劳动者不能被有效激励而积极性不高,这是我国劳动生产率低且增速受阻的核心原因。基于此,本书选择经济增长势能视角,从提高要素流动性、激发劳动者积极性方面,通过构建经济增长势能等数理模型和计量模型,探索如何推进供给侧结构性改革。首先,梳理相关文献并进行评述,利用翔实的数据资料对中国全要素生产率、资本要素生产效率、劳动要素生产效率的现状进行细致的统计分析。其次,构建经济增长势能模型,分析我国收入快速增长过程中的结构性问题及由此形成的经济增长势能对要素生产率增长的制约和影响,分析行政垄断等因素如何带来差距变大进而增大经济增长势能并阻碍经济增长,并在此基础上使用我国省级面板数据和时间序列数据等,实证分析我国结构性因素对劳动生产率的影响,探析知识外溢到技术部门并通过技术进步的中介效应促进现代服务业劳动生产率增长的途径,使用我国经验数据探究要素产出弹性关系与现代服务业发展中生产率增长的有效途径。最后,从我国经济结构性问题的典型特征、劳动生产率增长的制约因素、促进劳动生产率增长率提升的途径与措施等方面归纳总结主要结论和政策建议。

目　录

第一章

绪　论

第一节　研究背景

中国始于 1978 年的经济改革开放政策带来了经济 40 多年的高速增长，而多年的快速增长尤其受益于 20 世纪末开始的一系列改革与开放政策，包括加入世界贸易组织（WTO）、国有企业改革等。这些初期改革政策和制度创新曾经极大地释放了中国经济的活力，中国经济增长自改革开放以来至 21 世纪初的较长时期内仍主要依靠劳动力数量优势显示的"人口红利"和投资扩张等要素投入来驱动。世界银行报告《2030 年的中国》指出，这种初期简单改革所产生的易得的经济果实已尽，中国下一阶段的变革需要进一步深入。近几年增长速度的下滑实质上已经表明原来的要素驱动型发展方式难以为继，经济改革进入深水区。经济增长速度开始转缓，中国经济对高质量发展提出新要求，经济发展需要走上创新驱动的新轨道，即需要不断依赖效率提升这样的新动力，特别是充分利用我国人口多的优势，提升以人为中心的要素质量，优化要素结构，进一步提高产业质量、优化产业结构，为提高经济竞争力打好基础。因此，政府、企业、居民都必须有新观念和新作为。

围绕着经济高质量发展，研究中国经济运行的效率非常重要。一方面，中国经济的体量非常大，大国效应意味着效率的提升无论是对于中国还是对于世界都有着至关重要的意义。另一方面，中国目前正处于经济转型的十字路口，就是要从要素数量型驱动的经济增长模式过渡到依靠提升生产效率实现增长的模式，从政府主导的经济增长模式转移到市场驱动的增长模式。实现这种模式的转变必须以生产效率的提升为中心，我国作为发展中大国，劳动生产率相对于发达国家来说较低，因此研究我国经济重构和结构性改革背景下生产效率的提升途径特别是劳动生产率的提升途径尤为重要，具有重大理论意义和实践意义。

长期以来，经济学家、政治家和产业技术专家等都十分重视劳动生产率的研究，经济学家认为劳动生产率的提高是社会财富增加的根本途径，一个国家的生活水平取决于该国生产物品和劳务的能力，而劳动生产率正是这种能力的体现；政治家认为劳动生产率影响着社会制度的变革，列宁曾经说过："劳动生产率，归根结底是保证新社会制度胜利的最重要最主要的东西。资本主义造成了在农奴制度下所没有过的劳动生产率……社会主义能造成新的高得多的劳动生产率。"① 产业技术专家认为劳动生产率的提高节约了人力成本，提高了产出效率，从而为利润最大化的实现创造必要条件。如何提高劳动生产率一直是大家讨论的焦点。

劳动生产率是指劳动者在一定时期内所创造的产出与其劳动消耗量的比值。劳动生产率可以以雇员在单位时间内（如小时或天）产出某种产品的数量来表示，一定时间内产出的产品或劳务越多，劳动生产率就越高；也可以用产出单位产品所消耗的社会劳动时间来衡量，产出单位产品耗费的劳动时间越短，劳动生产率就越高。劳动生产率的提升是多因素的，主要可以归纳为以下四个方面：一是技术创新和组织管理水平提升；二是生产规模的扩张所引发的规模和协同效益；三是人力资本投资引起的劳动力素质提高；四是劳动投入与中间投入之间的比例关系怎样。劳动生产率的表达方法较多，但一般可表示为经济产出与劳动力投入的比值，比值越大则劳动生产率越高。

---

① 列宁选集（第4卷）[M]. 北京：人民出版社，2012.

理论上，劳动生产率是社会生产率的一个重要构成部分，社会生产率还包括全要素生产率。我国劳动生产率、全要素生产率等的变化与我国的改革历程紧密联系。我国1978年以来，伴随着改革过程生产率增长发生了相应的变化，改革所激发的生产力主要表现在对生产率的影响上。1978年以来中国经历了几轮重要的改革。第一轮改革是由集体耕作到家庭联产承包责任制的改革，以及一些农产品价格的上调，导致了农业生产率和产出在数年内的快速上升（Wen，1993）。第二轮改革始于20世纪80年代中期，延续到90年代早期，在此期间国有企业中的经理与工人逐渐因提高效率而获得更大的激励。乡镇企业的繁荣，有助于将大量农村劳动力转移到工业（Goodhart and Xu，1996）。第三轮改革开始于邓小平1992年视察南方。许多国有企业与集体企业被私有化，外国直接投资（FDI）涌入，出口加速。中国1978~1985年的增长有一个引人注目的特征，就是它依赖于生产率的增长。相对于其他快速增长的亚洲经济体的可比较发展阶段，中国在这一时期的增长较少地依赖于资本与劳动力的增长（World Bank，1997）。在绝大多数亚洲国家，资本的增长经常显著地超过国内生产总值（GDP）的增长，但中国的GDP增长却比资本的增长快，这表明某些资本积累之外的因素是改革初期GDP增长的重要决定性因素。

很多研究表明，即使物质资本和人力资本积累被考虑进来，全要素生产率（TFP）仍然构成了人均GDP水平与增长率的跨国差异的主要部分（Easterly and Levine，2001）。麦迪逊（Maddison，1998）研究表明全要素生产率（TFP）的增长对中国在1978~1995年经济增长的贡献份额为30%~58%。胡和韩（Hu and Khan，1997）发现全要素生产率平均3.9%的增长对中国改革初期的经济增长贡献份额超过40%。杨（Young，2003）在对官方数据进行调整后，发现中国和其他快速增长的经济体早先经历了相似的增长模式。在考虑了劳动力的增长（主要是劳动力参与率的增长）、劳动从农业部门的外移以及教育水平的上升后，他发现非农业的劳动生产率以每年2.6%的速度增长，全要素生产率以每年1.4%的速度增长。

郑京海、胡鞍钢和比格斯顿（Bigsten）（2008）认为中国改革时期影响生产率增长背后的一些因素在于：第一，从 20 世纪 70 年代晚期到 20 世纪 80 年代早期的农业改革的成功，导致了农业部门全要素生产率短期内快速的上升。第二，工业改革给予了私人企业、经理和工人更多的提升效率的激励；尤其是乡镇企业，取得了比国有企业更高的效率水平和全要素生产率的增长。第三，劳动力参与率的提高、教育普及程度的改善、劳动力从农业向外的转移以及中国与发达经济体之间技术鸿沟的缩减，都对全要素生产率的增长有所贡献。然而，这些因素中有一部分对于全要素生产率仅仅具有一次性的作用。农业生产率的增长在 1983 年左右显著减速，工业生产率在 1993～1996 年甚至出现了下降。郑京海、胡鞍钢和比格斯顿（2008）认为，如果将 1978～2005 年这一时期划分为 1978～1995 年和 1995～2005 年这两个子时期，生产率的增长的总体下降就可以被清楚地观察到。在第二个时期，资本的平均增长率超过 GDP 的增长率高达 3.13%。生产率增长对 GDP 增长的相对贡献也下降了，因此增长在很大程度上是靠资本增长拉动的，资本增长的速度达到了令人震惊的每年 12.38%。这推动了资本/劳动比率的快速上升，随后导致了劳动生产率的提升。1995～2005 年的减速却与农业收入增长的缓慢以及工业上蔓延广泛的无效率相一致。人力资本、土地以及其他资源被错误地配置、闲置以及无效率的利用。增长越来越依赖于资本积累，而劳动力的增长从 1978～1995 年的 2.34% 跌落至 1995～2005 年的 1.07%。

理论上很多文献认为全要素生产率（TFP）的变化可以被分解为技术进步和效率变化。技术进步与最优生产边界的变化有关，效率变化与生产率的其他变化有关，例如边干边学、管理实践的改进，以及一种已知的技术被应用带来的效率变化。尤其是在发展程度较低的国家，往往以技术进步作为 TFP 增长的标志，忽略了技术带来的效率改进的重要性，引进新的技术而不先挖掘现有技术的潜力，也许是一种浪费行为（Felipe，1999）。寻租机会也许会诱使国有企业进口外国的设备，而不去在给定的技术条件下改进效率。一些研究已经发现，中国的 TFP 的增长更多的是借由技术进步产生的，而非通过效率的改进（Zheng，Liu and Bigsten，2003；Zheng and Hu，2006）。中国的效率水平仍然较低，大量没有被发现的改进效率的机会现在依然存在。特别是劳动生产率在与世界各国的比较中处于低水平，因此，在技术进步之外研究劳动生产率提升途径对于生产率提升而言是一个重要的问题，对这个问题的研究具有重要的理论意义。

应该说党的十八大以来我国所进行的改革是包括供给侧和需求侧同时进行的新一轮全面深化改革。作为一个人口大国，人力资源是我国最重要的资源禀赋，劳动力市场是我国最重要的市场。我国经济高速增长曾经受益于"人口红利"，这是一个典型事实，但随着可利用资源的耗费，近些年人口结构的变化，生产过程中用工成本的上升，这一逐渐消失的"人口红利"可能会把数量庞大的人口变成一种负担。然而，我国庞大的人口数量在我国长期增长中为社会生产提供了足够的劳动力，虽然代表人口红利的劳动人口比重下降，但如果能够通过全面市场化改革和结构变化、要素有效使用等途径提高每一个劳动力的生产率，这个巨大的人口数量依然可以变成经济增长中的一个优势，而不是人口负担。未来我国在资源瓶颈制约下，劳动生产率的提高将会成为我国经济高质量发展得以实现的一个突破口。因为劳动生产率的提高不仅可以强化我国劳动资源的数量优势，而且也可以提高雇佣劳动的资本的回报率即利润率，高利润率会加速经济社会中的储蓄转化为投资，从而优化社会资源的配置，最终促进经济健康快速发展。因此，研究劳动生产率提升问题对于经济高质量发展具有重大的现实意义。

第二节　研究意义

2022 年 10 月党的二十大报告强调要贯彻新发展理念、构建新发展格局、推动高质量发展，实施供给侧结构性改革。通过构建全国统一大市场，深化要素市场化改革，建设高标准市场体系；加强反垄断和反不正当竞争，破除地方保护和行政性垄断，依法规范和引导资本健康发展；构建优质高效的服务业新体系，推动现代服务业同先进制造业、现代农业深度融合。在这样的宏观政策和经济背景下，本书旨在探索如下问题：推动供给侧结构性改革提高劳动生产率的有效途径，深入思考市场分割、行政垄断是如何导致经济差距拉大？经济差距拉大为何降低经济增长率？如何提高要素质量、优化产业结构以降低行政性垄断和市场分割等因素的影响，从而提高资源和要素流动性，最终激发劳动者积极性提高要素生产率？

一、学术意义

未来中国真正的增长潜力主要在于结构性潜能（刘世锦，2021），为了实现更有效率的经济增长，有必要重构经济结构、有效解决阻碍生产率增长的结构性问题，发挥结构性潜能的作用。因此，"十四五"期间必须进一步深化供给侧结构性改革。如果仅从需求侧进行刺激，短期内抑制经济下滑会取得较好效果，但长期过度使用，则会带来生产要素错配、投资回报递减、产能过剩加重、企业活力下降等不良作用，最终给经济带来结构性破坏（张立群，2015）。供给侧结构性改革过程中出现的问题主要在于供给数量不足、供给质量偏低和供给成本过高等，解决这些问题关键在于通过结构性改革形成一个新的长期增长机制（沈坤荣，2016）。从发展经济学视角来看，结构转换是指一个国家（地区）的国民经济各产业及整个产业结构发生质变的过程（张培刚，2001）。

随着经济全球化，当前我国经济结构转换是在复杂变化的国际市场上发生的。在全球化大趋势下，产品内分工成为当前国际分工的主要形式，导致各个国家和地区间的产业竞争演变为价值链重构竞争。全球价值链重构意味着各国之间依托传统的产业间分工所形成的产业结构体系正在趋向瓦解，产业发展的国别独立性和完整性被打破，单个经济体的产业仅仅成为全球产业网络中的一个节点，产业价值链的跨国分离与整合使各国原先较为完整的产业先行解构，再重新组合为一个新的全球性的产业结构（张平，2014）。这就是所谓的经济解构现象。这为我国进行产业链重构和价值链重构提供了有利契机。

嵌入全球价值链的产业升级模式使得中国正逐步陷入低端锁定，核心价值环节缺失，在价值链环节存在长期被低端锁定的企业和产业，中国许多制造业企业仍以"代工"为主，即使在中低端领域中国制造业也逐渐失去了成本和价格优势（肖兴志，2021）。为此，实现产业升级、让产业迈向全球价值链中高端的宏观战略既是中国企业积极融入全球价值链、参与国际分工、夯实经济势力的现实选择，也是中国产业不断向世界市场发展、实现创新转型的迫切要求。当前全球制造业已进入新竞争阶段，中国产业迈向中高端面临严峻挑战，全世界范围内智能经济已经成为引领未来全球经济发展的新焦点。如何提升中国产业在全球价值链中的地位，解决产业发展过程中的突出矛盾和问题，利用全球性生产网络，加快产业升级，实现"中国智造"，推动产业向全球价值链高端迈进，是国家战略目标实现的重大现实需求。

本书认为提升要素质量，把前沿知识、先进技术和现代管理等高级要素与以人为主的劳动要素结合，提升劳动生产率增长率，有助于发展现代化产业、优化产业结构，切实推进供给侧结构性改革，响应国家的重大现实需求。我国制造业大而不强，为此必须通过不断提升要素质量，把前沿知识、先进技术和现代管理等高级要素与以人为主的各种生产要素结合，推进制造业智能化发展，充分提高价值链中能够实现价值增长的关键环节和优势产业的竞争力，通过智能经济发展引领社会生产率增长，中国制造业升级到"中国智造"毫无疑问会引领中国产业升级和价值链重构，这也是解决我国结构性问题、促进社会生产率增长的关键问题。

经过四十多年经济高速增长，我国形成了差距明显的经济结构，这些差距主要表现在不同产业、城乡、区域、所有制企业等主体之间。经济差距过大使得劳动者不能被有效激励而积极性不高，阻碍了要素生产率和经济持续增长。本书认为我国结构性问题的核心症结就在于各种经济差距过大，形成了经济增长势能，资源配置状态和社会阶层变得相对固化，资源和要素流动性降低，致使经济增长动能下降。高收入群体满足于已有福利，低收入群体被低端锁定，劳动者动机和行为异化，影响社会生产效率提升。在价值链环节存在长期被低端锁定的企业和产业，在价值链中由于上游要素市场的行业垄断等特征，知识和技术等要素不易扩散和流通，资源要素的流动性在供应者主要参与的上游环节，弱于生产者主要参与的下游环节（盛斌等，2020）。虽然国内价值链中生产制造类企业参与全球价值链竞争程度较高，但仍被锁定在价值链中低端，不能进入中高端的原因与上游环节的要素流动性不高等因素紧密相关。所以，为解决我国结构性问题，必须通过价值链重构和产业链重构带动经济结构优化，提高要素和资源流动性，转化已形成的经济增长势能，不断推进结构性改革。

因此，本书把我国结构性问题的核心症结归结为形成了经济增长势能，通过构建经济增长势能理论模型，深入研究经济快速发展过程中由于行政性垄断、市场分割等原因不断拉大的经济差距，因而形成经济增长势能而降低经济增长动能的影响机理，据此探索深化结构性改革的深层次原因和推进路径。其中关键在于提高要素和资源的流动性，以人为中心在企业和产业发展中充分应用知识、技术、管理和信息等高级要素，借助要素质量的有效提升过程，进行经济重构推动产业升级和企业效率提升，这一步尤显意义重大。

本书引入经济增长势能这个概念，有助于解释结构性经济差距大小与经济增长率高低之间的关系。其一，尝试构建经济增长势能理论模型，利用经济增长势能刻画我国结构性问题的核心症结，有助于进一步探明推进我国结构性改革的内在逻辑和深层次原因，在理论上是一次有益的创新探索，丰富了经济增长理论，具有显著的学术意义。其二，为了促进要素与资源流动进而实现效率增长，基于要素质量决定产业质量、要素结构决定产业结构的思想，从经济增长势能视角，探索经济结构重构的作用机理，尝试提出转化经济增长势能的经济重构理论，具有重大理论意义。价值链重构实质就是因为分工深化，使生产出来的产品异质性更突出，同时消费需求个性化越来越明显，由此包括数字经济、现代服务业等新产业和新生产方式在深度分工的基础上发展起来，带动资源重新配置和资源流动。价值链重构过程即是经济解构现象发生的过程，这个过程改变了原来的资源配置状态而带来资源流动，有助于降低行政性垄断、市场分割等因素的不利影响，有助于降低经济增长势能。从这个意义上说，价值链重构就是为了解决资源配置低效问题，可以为深化结构性改革提供理论指导和参考，并拓展结构性改革理论。

二、实践意义

本书基于要素质量和要素结构决定产业质量和产业结构的思想，进一步明确"中国智造"的引领性、现代服务业大发展趋势的必然性、增强国内价值链上游环节的竞争性等方面的问题，为我国推进供给侧结构性改革实践提供了有价值的参考，具有重大现实指导意义。

其一，"中国智造"引领社会生产率增长。当前经济服务化趋势明显，但全球价值链分工等经济发展新形式决定了产业升级的最终目的并不是发展服务业。实质上，全世界范围内智能经济已经成为引领未来全球经济发展的新焦点，中国制造业升级到"中国智造"毫无疑问会引领中国产业升级和价值链重构。因此应该通过要素质量的改进、要素结构的优化，充分提高核心价值环节的企业和产业的竞争力，通过智能经济发展引领社会生产率增长。

其二，现代服务业大发展的必然性。智能经济是一种先进技术和前沿知识广泛使用的经济形式，知识和技术的集中是智能制造必要的基础。而现代服务业具有显著的知识、技术和劳动密集型等特征，现代服务业内大量存在的中小微企业，作为中间品主要供给者，实质也是知识、技术和管理等高级要素的主要载体，中间品市场的发展和完善有助于降低制造业升级的成本，促进制造业向"中国智造"升级。基于互联网技术，利用数据和信息要素的作用，包括数字经济在内的现代服务业大发展有助于降低行政性垄断、市场分割等的不利影响。

其三，增强国内价值链中的薄弱环节。作为一个劳动力众多的大国经济体，中国不能像某些国家一样通过把劳动密集型产业完全转移出去，而专门发展技术与知识密集型产业来实现产业升级。在这样的情况下我国大力发展现代服务业，既可实现对劳动密集型产业的升级，又可解决全球价值链竞争中面临的问题，推动国内价值链上游环节与全球价值链的有效对接和整合。国内价值链中由供应者主要参与的价值链上游环节，由于上游要素市场的行业垄断性较强等特征，知识、技术和人才等资源不易扩散和流通，从而不能与全球价值链有效对接和整合。现代服务业存在大量中小微企业，作为中间品的供应者竞争程度较高，因此大力发展现代服务业有助于实现由供应者主要参与的国内价值链上游环节与全球价值链有效对接。

总而言之，本书基于要素质量决定产业质量、要素结构决定产业结构、产业素质决定产业的竞争力和价值链地位的思想，认为应通过提高生产要素质量尤其是人的要素的质量来提高要素和资源的流动性，在此基础上探讨价值链重构和经济重构过程，强调以"中国智造"引领产业升级，把知识、技术和管理等高级要素充分应用到企业和产业发展过程中，通过促进现代化产业形成和发展，最终实现价值链高端化和生产效率增长的目标。本书选择经济增长势能视角思考重构经济推进结构性改革的机制和路径，对于我国经济高质量发展实践具有重大参考意义。

本书从我国经济增长速度放缓的现实出发，分析我国当前存在的结构性问题可能主要归因于行政性垄断和市场分割等因素导致结构性差距拉大，形成了阻碍经济增长的势能。通过国际经验比较，分析我国经济增长中可能形成经济增长势能的各种潜在因素，在此基础上，创新性地构建了一个经济增长势能模型分析经济增长形成的势差是如何导致收入增长速度放缓的。结合我国劳动力数量规模大的特点，论述知识溢出、技术进步、现代管理等高级要素如何促进要素质量提升，在此基础上提高产业竞争力，从而探寻实现劳动生产率提升的过程与路径。根据我国新的改革阶段所进行的城镇化、工业化和信息化、市场化等改革措施，分析劳动生产率提升的结构性因素的影响；根据资本、劳动和管理等要素的作用特征分析劳动生产率提升过程中各生产要素之间的相互作用。综合来说，本书围绕劳动生产率的提升途径及我国进行经济重构和价值链重构的过程进行系统分析，为此形成相应的研究技术路线和结构。

第三节　研究的技术路线和框架结构

在研究过程中首先对我国经济结构性问题与劳动生产率提升之间的关系进行调研和文献资料收集，通过对相关文献和资料的整理，充分了解本书的现实背景，明确研究现状和研究意义，从而形成具体的研究思路如下：结合我国当前供给侧结构性改革面临的经济现实，即当前阶段我国劳动生产率仍然较低；随着我国经济发展，行政性垄断和市场分割等转轨体制遗留因素导致经济差距拉大、个体收入高低分化，部分人较为富有而部分人较为贫穷，生产率在不同经济部门之间出现较大差异，且不容易通过资源和要素流动缩小这些在城乡之间、产业之间、不同所有制之间、区域之间等所形成的差距；随着经济差距加大，收入势能在高收入群体与低收入群体之间逐渐形成，导致整体收入增长速度放缓。

理论研究表明，当个体收入或经济差距很小甚至没有差距时，很容易形成群体基本一致的行为方式，个体之间行为容易协调，可以有效发挥制度或政策的激励作用，于是生产者表现出较高的生产积极性，最终实现较高的劳动生产率。然而，我国事实上已经存在有明显差距的经济结构，并形成经济增长势能阻碍了经济增长，为了减轻经济增长势能对经济增长的阻碍作用，要充分降低收入增长较快的群体所遇到的阻力，同时让资源由低效率部门向高效率部门转移，从而实现低收入群体获得较高的收入，缩小高低收入之间的差距。同时，资源由低效率部门向高效率部门转移的过程，实质上提高了资源整体使用效率。例如劳动力资源由农村向城市转移、由农业向工业和服务业转移、由国有部门向非国有部门转移、由中西部落后地区向东部地区转移，都能够提高劳动力的整体劳动生产率。这个过程实际上就是经济结构不断优化联动的过程。当然，随着经济结构不断优化，劳动生产率的增长动力发生转换，此时就要考虑通过企业家能力激励劳动力的生产积极性，挖掘劳动者潜能，提高劳动要素投入的产出效率，这个过程在结构优化阶段同样重要。

因此，从经济增长势能视角分析结构性改革的原因具有很强解释力，在此基础上探索供给侧结构性改革的推进机制。基于此，研究总体上按照"经济增长势能→社会阶层固化和资源流动性低→阻碍经济增长→转化经济增长势能→提高要素流动性和激发生产积极性→经济重构，产业链重构和价值链重构→影响经济重构的因素：先进技术、前沿知识、企业家数量、管理者能力、劳动力知识与技能提高、产业等结构变动→现代化产业（以现代服务业为主）发展→众多中小微企业存在于现代服务业提供中间品→价值链中供应者主要参与的国内价值链上游环节和要素市场竞争性提高→制造业升级→智能经济发展→'中国智造'引领价值链升级→要素生产率增长"这一逻辑和思路展开。

具体研究技术路线如图1-1所示。基于经济增长势能模型，认为结构性问题的症结在于各种经济差距过大，社会阶层的固化降低了社会流动性，形成了经济增长势能并影响劳动者的生产积极性。在经济增长势能的形成过程中，收入快速增长加大了高、低收入者之间的收入势差，不断变大的收入势能偏离原有的收入势能期望参量，导致劳动者个体乃至群体动机和行为异化，使宏观制度或政策由于不能有效激励劳动等要素发挥积极性而无法实现效率增进。所以结构性改革的关键在于转化已经形成的经济增长势能，通过结构性变动和优化，带动各种要素流动，不断破解由行政性垄断、市场分割等因素形成的体制性障碍，提高社会流动性，激发劳动者积极性，促进劳动生产率增长。

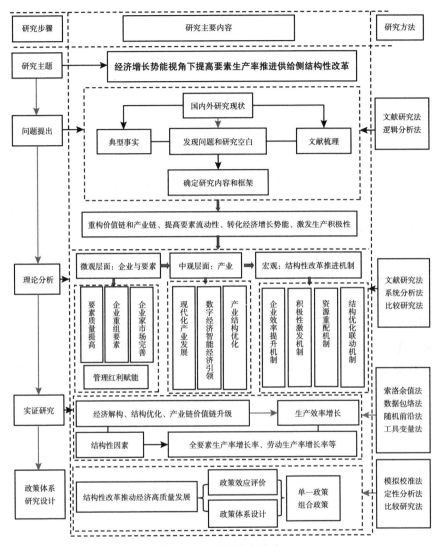

图 1-1 研究技术路线

从根本上来看，要素结构决定产业结构、要素质量决定产业质量，产业素质决定产业的竞争力和价值链地位，因此只有提高生产要素质量，尤其是人的要素的质量才能从根本上提高产业的竞争力和价值链地位。差距过大形成的经济增长势能最终会影响生产要素效率的提升，就在于劳动作为人的因素而存在的要素没有充分发挥作用，对于具有激励潜能的劳动要素来说，个体收入差距过大，不利于对劳动者形成一致性激励，劳动者积极性会受到损害。未来在要素投入结构上的变革方向面临的最突出问题是"人"的潜力没有得到充分发挥，激发劳动要素的积极性是提高劳动效率的一个关键因素。基于此，本书探索了结构性变动对于以人为中心的要素资源配置和使用效率的影响。

因此，为提高劳动生产率，重点要探索以人为中心的资源配置机制。劳动者数量多是我国显著的资源优势，但劳动生产率低制约了这一优势条件的发挥。我国劳动力本身的特点决定了提高劳动要素流动性、激发劳动积极性是提高劳动生产率的有效途径。面对全球价值链分工与竞争，我国需要考虑把先进技术、前沿知识、高效管理等高级要素与劳动要素有效结合，把大量劳动密集型服务业升级为知识和技术密集型现代服务业。资源重配和结构性改革的思路在于以人为中心，在以产品为配置中心全面转向以人为配置中心的条件下，深入分析如何用技术、知识、数据和管理等高级要素提升人的因素方面的能力、提高要素质量和优化要素结构、以劳动要素为核心提高要素流动性，为价值链升级和要素重组提供条件，推动价值链重构和产业链重构。通过激发劳动者的潜能和积极性，打破社会阶层的固化，提高社会流动性，最终提升要素生产率。

在上述思路的基础上，运用经济增长理论和生产要素效率的相关理论，通过细致分析劳动生产率在我国的现实状况及其增长率提升的影响因素，结合我国新常态经济的结构性特征和中等收入阶段面临的问题，论述收入增长变化对个体产生的差异性影响，通过构建收入势能理论模型分析收入差距因素对劳动生产率增长的影响，然后构建一个效率差异部门增长模型，分析生产效率高低不同的两个部门之间劳动力资源流动所带来的变化。在此基础上，利用结构性样本数据实证分析各个结构性因素对于劳动生产率变化产生的影响，从结构变动的角度寻找促进劳动生产率的动因和措施，从而为我国实现经济高质量发展和中国式现代化建设提供积极建议。本书的具体研究框架和结构如图1-2所示。

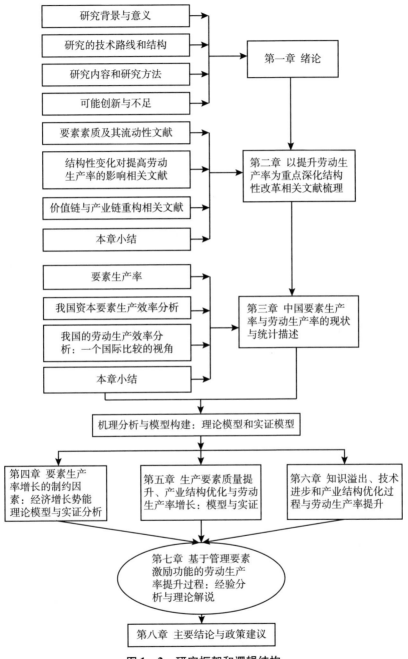

图 1-2 研究框架和逻辑结构

第四节 研究的主要内容和研究方法

一、研究的主要内容

2021 年 12 月，中央经济工作会议提出，中国经济面临需求收缩、供给冲击、预期转弱"三重压力"。在需求收缩、供给冲击和预期转弱的三重压力之下，投资和消费可能会进入缩减的自我循环通道，我国要长期维持经济高质量发展，仍要高度重视存在的结构性问题。进入 2023 年以后，伴随疫情防控政策的调整，"三重压力"得到明显缓解，但我国结构性问题仍然存在，并且亟待研究如何有效解决我国现存的结构性问题。很多文献理论分析和世界经济发展经验表明，部分国家陷于增长陷阱的主要原因在于劳动生产率增长率过低、收入分配严重不均、产业结构不合理等。我国劳动生产率低且增速受阻的核心原因在于我国经济结构性问题突出。

实质上，我国经济一个突出特点是劳动人口多，劳动生产率相比很多发达国家较低，但多数劳动者勤奋努力。我国如果能够充分挖掘数量庞大的劳动力的潜能，提高劳动效率，势必极大提高我国经济整体效率。我国进入了改革全面攻坚的关键时期，为此所进行的经济结构转型升级主要目的是提高生产率。本书结合我国经济当前的既有特征，为推进我国供给侧结构性改革，以提高劳动生产率增长率作为突破口，在全面提高劳动生产率和全社会要素生产率的前提下，通过产业结构、城乡结构、区域结构和国有非国有经济结构的联动调整，带来要素资源特别是劳动力资源的流动，并在企业家能力的激励作用下激发劳动者生产积极性和生产潜能，从而促进经济高质量发展。

全书共分为八章，各章主要研究内容分述如下：

第一章　绪论。

本章主要介绍了文章的研究背景和意义。当前全球经济增长下行趋势对我国经济增长稳定形成较大压力，我国经济增长速度放缓，人均收入水平由中等收入阶段进入高收入阶段，我国要素使用效率不高特别是劳动生产率相比发达国家处在较低水平，原因在于我国经济结构性问题突出。我国结构性问题的核心症结就在于行政垄断等因素导致各种经济差距过大，形成了经济增长势能。因此，从经济增长势能视角深入分析，随着各种经济差距变大，社会阶层日益固化降低了社会流动性，由此形成的经济增长势能不利于提高劳动者生产积极性。在经济增长势能形成过程中，收入快速增长加大了高、低收入者之间的收入势差，不断变大的收入势能偏离原有收入势能期望参量，导致劳动者个体乃至群体动机和行为异化，高收入群体满足于已有福利，低收入群体被低端锁定，使宏观制度或政策由于不能有效激励劳动等要素发挥积极性而无法实现效率增进。为寻求维持我国经济长期中高速增长的动力，本章主要从劳动等要素生产率提升的视角进行分析。本章同时还简要介绍了写作思路、研究的技术路线和本书的整体结构、研究的主体内容和方法、论文的可能创新之处与不足。

第二章　以提升劳动生产率为重点深化结构性改革相关文献梳理。

我国结构性问题核心症结就在于经济快速发展过程中，由于行政性垄断、市场分割、地方保护等原因，不断拉大经济差距并形成了经济增长势能而降低经济增长动能。基于此，本章选择从经济增长势能视角分析中国经济重构、推动结构性改革的原因和路径，旨在通过以产业链和价值链重构为核心，从宏观、中观和微观等各层面带动资源重配和要素流动，进行经济重构，转化经济增长势能，通过激发劳动者积极性来实现社会生产率提高的目的。在文献梳理过程中，首先对我国经济的结构性特征进行理论分析，其次对收入差距拉大、资源配置和要素流动性降低的原因等文献进行梳理，再次对价值链重构、产业链重构等推动资源重配相关文献梳理，最后从经济结构包括产业结构和要素结构等视角，对有关结构性因素变动对于劳动生产率的影响进行文献和理论分析。

第三章　中国要素生产率与劳动生产率的现状与统计描述。

本章用具体数据描述了我国要素生产率的状态，包括我国的全要素生产率、资本要素使用效率现状，从数据及其计算结果来看，近年来我国投资效率有下降趋势。其中，重点描述了我国劳动生产率历年的变化情况，通过与国外多个国家和地区劳动生产率、劳动生产率增长率、GDP 和人均 GDP 等数据的比较，详细论述了我国现阶段要素使用可能具备的优势和不足；并通过劳动生产率两种不同计算方法所得数据的比较，指出我国提高劳动生产率具备的优势条件在于人口数量规模巨大而且劳动力勤劳积极性高，通过结构性变动包括价值链重构和产业链重构提高劳动要素流动性、激发劳动者积极性，有助于切实提高劳动生产率。同时还详细分析了我国劳动力人口规模、人口素质和年龄结构等因素。

第四章　要素生产率增长的制约因素：经济增长势能理论模型与实证分析。

本章把势能理论应用到个人收入增长中，利用经济增长势能来解释收入变化对于个体行为的影响，由此探索我国要素生产率增长可能存在的制约因素。首先，把物理学中的势能概念引入经济增长领域，构建经济增长势能模型，分析我国收入快速增长过程中形成的结构性问题方面的影响，就在于过大的结构性差距形成了经济增长势能，致使经济增长动能渐失，资源配置和社会阶层等相对固化，社会流动性降低、资源要素流动不畅，不利于激发劳动者积极性，因此社会生产率不能维持有效增长。其次，从结构性改革的视角分析行政垄断等因素如何带来差距变大进而形成经济增长势能，阻碍社会生产率增长。在此基础上进行实证分析。实证分析基于税率对收入不平等状况的调节作用，把税率纳入经济差距影响经济增长率的理论模型，通过放宽要素市场充分竞争前提条件，论证经济差距拉大与经济增长率变低之间的影响机理，分析表明选择经济增长势能这个视角为收入不平等与经济增长率之间可能存在的反向变动关系提供了更为有力的解释。实证结果表明，现阶段我国经济差距拉大会降低经济增长率。主要结论在于为缩小经济差距促进经济增长率提高，有效途径是使用结构性变动的方法提高要素资源流动性，通过推进结构性改革降低经济增长势能的不利影响，促进经济增长。

第五章 生产要素质量提升、产业结构优化与劳动生产率增长：模型与实证。

本章重点分析了我国经济结构差异的具体特征，使用详细数据论述了产业结构、城乡结构、所有制结构和区域结构等结构性差异与劳动生产率之间的联系。本章具体分析了市场化、城镇化和区域经济协调发展对劳动生产率改进的影响。研究表明，结构性改革的重点是通过经济结构变动、调整和优化，在市场配置的基础上充分促进劳动力流动，让低效率部门劳动力充分向高效率部门流动，从而激发劳动者的生产积极性，促进劳动生产率增长。从劳动生产率较低的产业和部门向劳动生产率较高的产业和部门转移，新增的要素和资源被配置到劳动生产率较高的产业和部门，可以导致劳动生产率较高的产业和部门的份额不断上升，从而使得不同产业和部门的劳动生产率共同提高。在理论分析基础上，使用1978～2020年城乡结构、产业结构、所有制结构、区域结构等年度时间序列数据，分析各自对于劳动生产率变动的影响。计量结果表明，在各种结构性变动因素影响劳动生产率的作用中，按照影响的主次顺序依次是城市化、区域经济适度均衡并允许有条件区域加快发展、市场化和产业结构优化。因此，要通过有效促进城镇化、发达区域经济适度领先发展、市场化和产业结构高度化，来提高劳动生产率。

第六章 知识溢出、技术进步和产业结构优化过程与劳动生产率提升。

本章从经济发展的整个过程论述了企业家能力在提升劳动生产率中所产生的作用。基于拓展的知识生产和技术进步两部门模型，从小微企业主知识溢出视角深入分析知识增长和技术进步对现代服务业劳动生产率增长的影响机制，并基于中国2000～2018年30个省际地区面板数据，探析知识外溢到技术部门并通过技术进步的中介效应促进现代服务业劳动生产率增长的途径。研究发现：知识溢出通过改进技术水平和扩大技术服务市场对服务业劳动生产率增长存在显著中介效应；城镇化和产业结构优化中人口流动过程促进了劳动力知识的有效增长；知识溢出的过程在现代服务业领域和后工业化发展阶段更为明显。因此，要高度重视以私营企业为主体的小微企业对于服务业生产率提升的作用；为避免成本病和抽租模式发生，对于小微企业主群体，大力推进知识共享与溢出、出版更多的管理或经营方面的出版物以提高其知识量，对于完善企业家市场、提高服务业的竞争程度、提高劳动力重组的可能性和劳动力流动性存在显著促进作用，有助于现代服务业劳动生产率的增长。

第七章　基于管理要素激励功能的劳动生产率提升过程：经验分析与理论解说。

我国劳动人口众多而且具有勤劳传统，如果通过管理或企业家才能对劳动者进行激励，大大提高劳动者的生产效率，必然形成一定的效率优势，由此带来超额收益，即形成管理红利。如果在特定技术条件下维持资金成本和技术成本不变，通过管理要素或企业家才能的有效激励提高劳动要素的劳动努力程度，从而实现单位劳动产出量增加，就可以在不改变企业当前投入结构的前提下提高劳动生产率。所以由管理或企业家能力所带来的劳动效率改进是我国经济增长中应该重点关注的一个因素。当前经济服务化趋势明显，生产要素在现代服务业产出过程中的效率增进方式比高度工业化经济阶段更具知识性特点、更需要管理投入。基于此，本章把管理要素和知识要素纳入经济增长分析框架，深入探索生产要素产出弹性关系理论对现代服务业发展的影响，并使用我国经验数据对资本、劳动、管理和知识等要素的产出弹性关系进行实证分析，据此探索促进现代服务业生产率增长的有效途径。结论在于现代服务业中的劳动要素及其知识所有量是影响服务业产出增长和效率提高的一个主要因素，劳动要素的知识量及其潜能发挥对产出效率提高有重要影响，而发挥劳动要素的潜能离不开管理要素的激励过程和知识溢出过程。在管理要素的激励功能和知识溢出功能下，资本要素边际报酬的递减性因为劳动要素的潜能发挥而相对弱化，仅具有配置功能的资本要素的产出贡献并没有在服务业产出中降低比重。现代服务业生产率增长需要高度重视劳动者知识增长、管理投入积累、小微企业主知识提高和知识溢出等因素。

第八章 主要结论和政策建议。

根据现阶段我国劳动生产率、投资效率和全要素生产率的实际状况总结了我国经济结构性问题的主要特征在于行政垄断等因素导致经济差距拉大，形成了经济增长势能，影响了劳动生产者的积极性、降低了资源和要素的流动性。首先，从经济增长势能视角出发分析劳动生产率增长受限的因素。劳动人口数量多，劳动者具有勤劳传统，但我国收入分配和经济差距有不断拉大的趋势，我国存在通过结构调整和优化、对劳动力激励提高劳动生产率的广大空间。其次，根据最小收入势能理论，认为收入势能重回期望参量（0）的过程长短决定了经济体在某个阶段停留的时间长短，由此可以解释提升劳动生产率是跨越中等收入陷阱的根本途径。最后，从经济结构优化、要素流动性提升、管理即企业家能力激励等方面论述了劳动生产率提升的途径和措施，并提出以提升劳动生产率为重点推进供给侧结构性改革的措施与建议。

二、研究方法

主要采用实证研究和规范研究相结合的方法，具体包括以下两方面：

（1）以经济学、管理学、物理学和计量统计分析的相关原理为基础，借鉴力学理论中势能概念和理论，把个体收入增长类比为一种物体运动，收入增长存在动能和势能，并结合经济增长理论、内生增长理论、激励理论等，构建经济增长势能模型、两部门增长模型，以及拓展知识生产和技术进步两部门模型，从理论上深入分析劳动生产率提升的制约因素和提升途径；主要从提高劳动力等要素资源的流动性、激发劳动者生产积极性两个方面构建数理模型，探索如何转化经济增长势能促进劳动等要素生产率增长。一方面，为提高劳动力等要素资源的流动性，借鉴理论界两部门模型，分析高、低效率两部门之间要素资源流动与要素生产率提升之间的影响机理。另一方面，为激发劳动者积极性，借鉴管理学中的激励理论，基于管理的激励功能和配置功能拓展内生增长模型，分析管理要素如何通过知识溢出激发劳动者积极性，从而提高劳动生产率。

（2）统计与计量分析。在数理模型分析的基础上，利用中国的省级面板数据和时间序列数据等对结构性因素影响劳动生产率、知识和技术等要素与劳动生产率增长之间的关系等问题进行实证分析，由此论证本书提出的观点和理论模型。

第五节　可能创新与不足

一是从经济增长势能这一全新视角分析劳动生产率提升的制约因素。已有理论并未从要素流动性和劳动积极性相关联的视角去思考如何提高劳动生产率，本书从经济增长势能视角，发现过大差距使要素与资源在效率高低两端主体之间的流动不畅，经济差距过大也使得劳动者不能被有效激励而积极性不高。因为劳动要素流动性和生产积极性是影响劳动生产率增长的关键因素，所以从经济增长势能视角分析劳动生产率提升的制约因素及其影响，逻辑上更合理，得出的结论更有实际价值。

二是用经济增长势能刻画我国结构性问题的核心症结，从经济增长势能视角进一步解释我国经济增长动能为何降低以及深化结构性改革的内在逻辑和深层次原因。经济增长势能理论从一个新颖的视角有力回答了结构性差异的存在为什么压抑了生产效率这一问题。由于经济高速增长形成了过大经济差距，其中行政性垄断等因素累积的摩擦和阻力形成了经济增长势能，高收入群体满足于已有的福利，低收入群体被低端锁定，社会阶层相对固化，要素流动性降低，生产群体整体不能被有效激励，导致劳动积极性不高，生产要素素质提升受制，最终阻碍了要素生产率持续增长，经济体由此而可能陷入因结构性问题而导致的减速。因此，有必要通过结构性改革，重新配置资源和要素，把经济增长势能转化为经济增长动能，促进劳动生产率增长，这有力解释了结构性改革原因，在理论方面具有显著创新。

三是从经济增长势能视角对要素生产率提升的内在机理进行研究，从提高要素流动性、激发劳动者积极性等方面探索我国推进供给侧结构性改革的作用机制。一方面，通过细化知识分类等方式强化知识溢出过程，通过知识与一般要素的有效结合提高其知识含量，从而提高要素素质和要素流动性，帮助企业提升价值链地位。另一方面，基于管理要素的内生性特征，从劳动者积极性激发方面分析长期维持劳动生产率增长的条件就在于管理要素的报酬递增性可以抵消劳动要素的边际报酬递减性。从经济增长势能视角，认为转化经济增长势能需要通过提升要素质量、改进产业素质来提高资源和要素的流动性，在高流动性基础上以产业链重构、价值链重构为核心进行资源重配，提高我国产业和企业在全球的地位。

四是基于现代化产业中要素资源的较高流动性，强调以人为中心配置资源，对以数字经济、智能经济与现代服务业为主的现代化产业发展与要素流动性提高之间双向影响机制的论证及其相关观点，具有创新性。现代化产业产生和发展过程是一个先进技术、前沿知识、数据信息和管理等高级要素被广泛使用的过程。随着要素质量不断提升、要素结构不断优化，以数字经济、智能经济等为主的现代化产业发展有助于进一步带动要素和资源流动。基于此，应从要素质量提升、产业结构优化视角深入探究提高要素流动性、激发劳动者积极性的有效途径，最终促进要素生产率提升，推进供给侧结构性改革。

五是主要不足之处在于对劳动生产率的定量分析并没有使用微观企业数据来挖掘各个不同行业和不同区域之间的特点，而且限于研究框架，本书主要是从宏观经济的角度使用宏观数据分析了宏观因素对于劳动生产率的影响。而企业家能力及其对劳动力的激励作为一个非常重要的提升劳动生产率的手段，本书没有进行细致的数量分析，这也是下一步研究的方向。

除此之外，我国在价值链中由于上游要素市场的行业垄断等特征，知识和技术等要素不易扩散和流通，资源要素的流动性在供应者主要参与的上游环节，弱于生产者主要参与的下游环节。国内价值链中企业被锁定在价值链中低端，不能进入中高端的原因与上游环节的要素流动性不高等因素紧密相关。本书认为通过价值链重构和产业链重构，有助于提高要素和资源的流动性，是提高劳动生产率的重要途径，而提高资源和要素流动性也有助于进行价值链重构。重构价值链和产业链，关键在于发展和完善中间品市场。在价值链上游环节垄断程度高、价值链下游环节竞争程度高的国内价值链中，通过发展中间品市场逐渐突破上游环节的垄断性，把上游环节中被封锁而不易流动的知识、技术要素吸引到中间品市场，推进上游市场中产品的分工，通过中间品市场发展促进上游垄断产品进行产品内分工，不断与下游环节竞争程度高的产品市场对接。这个问题本书只是提出了一些观点，并没有进行深入研究，这也是下一步研究的方向。

第二章

以提升劳动生产率为重点深化结构性改革相关文献梳理

麦迪逊（Maddison，2010）测算结果显示 1950 年世界生产总值为 5.3 万亿元，2008 年达到了 51 万亿元，不到 60 年增长近 10 倍，年均增长近 3.9%。[①] 虽然此前 1820～1950 年已经是世界经济增长的黄金时期，但这个 130 年间也只增长了 8 倍不到，年均增长只有 1.6%。而在 1820 年以前的数千年里，世界经济长期徘徊在生存水平，人均收入几乎没有增长，世界总产出从公元元年到 1870 年也只是增长了 10.5 倍，年均增长 0.1%。第二次世界大战以来的增长几乎遍及全球的所有国家，在 1950～1960 年，非洲和拉丁美洲的平均增速超过了 2%，远快于 1950 年以前世界平均 1.6% 的增速。可见，第二次世界大战以来的半个多世纪是人类有史以来世界经济发展最好的时期。

但是增长往往会中断，只有少数国家持续增长而达到高收入国家的水平。数据显示，1980～1990 年亚洲以外的发展中国家经历了长时间的停滞甚至经济倒退。比较而言，处在高收入水平的经合组织（OECD）国家的增速也有下降，但依然保持增速在 2% 以上。[②] 一些主要国家的发展历史显示经济起飞后可能存在长时间的停滞。实际情况表明，除了少数一些国家和地区如日本、韩国、新加坡、中国香港和中国台湾等，大部分发展中国家都没能跨过高收入的门槛，部分拉美国家至今依然没有跨入高收

---

① 此处引用 Maddison 数据，单位为 1990 年国际元。
② 资料来源于经济合作与发展组织网站，https：//stats. oecd. org/.

入国家行列，形成了所谓的发展陷阱，又称"中等收入陷阱"。

1978 年以来我国经济的高速增长就是在这样的大背景下发生的。不同的是我国经济的起飞是在 1978 年之后，而许多国家的经济起飞发生在 1950～1960 年。因此这些国家的经历就成为我国发展的前车之鉴。目前我国经济达到中等收入水平，而许多国家在这一阶段步入停滞。这提示我国也要防范可能发生的发展陷阱。在跨越中等收入水平进入高收入国家水平过程中，部分拉美国家的失败案例与东亚部分国家成功跨越之间的对比，为我国经济发展提供了积极的启示与参考。

当前我国经济增长速度在经历 40 多年的高速发展后，经济增速开始回落并稳定在中等增速水平。推动我国经济近 40 多年来高速增长的"人口红利"基本终结，原有主要依靠"人口红利"等资源粗放式使用的增长模式难以为继，人口红利、资源红利、全球化红利等的消退使得我国经济在没有充分实现"改革红利""制度红利"的前提下，经济增长的加速器因弱化而减速。由高速发展向中高速发展的转变一定程度上是由于我国经济结构变化所致，我国经济进入结构性减速阶段。因此，当前学术界对我国现存的结构性问题进行深入研究，推进我国供给侧结构性改革成为理论界分析的一个焦点。

在此背景下，为了实现提高社会生产率的目的，基于要素结构决定产业结构、要素素质决定产业素质，考虑通过以产业结构优化为核心的经济重构，从宏观、中观和微观等各层面带动资源重配和要素流动，突破行政性垄断等因素导致的经济增长势能的阻碍，激发劳动者积极性。在此基础上，从经济增长势能视角分析与价值链重构相关联的产业结构优化升级推动结构性改革的原因和路径。以下部分主要从要素资源流动和生产率提升、价值链重构等方面进行文献梳理。

第一节　要素素质及其流动性与劳动生产率提升相关文献

诺德豪斯（Nordhaus，2001）认为促进劳动生产率增长的效应中会通过要素流动或投入权重的差异而引起生产率变动，即不同行业间劳动再分配对劳动生产率产生影响。即使行业劳动生产率不变，但劳动从低生产率的农业向高生产率的工业转变也会提高整体劳动生产率。很多学者（Kuznets，1955；刘伟，2009；中国经济增长前沿课题组，2015；国务院发展研究中心课题组；2010）研究了产业结构变化对劳动生产率的影响。干春晖等（2011）将产业结构变迁分解为合理化和高级化，考察二者对中国经济增长产生的影响，发现产业结构合理化更加有利于实现经济平稳增长。刘伟（2017）认为供给侧结构性改革从短期看是要调动劳动者的积极性刺激劳动者的热情，从长期看是要提升要素效率和全要素生产率，提升劳动者人力资本的积累，改变劳动者的知识结构。常修泽（2015）认为未来在要素投入结构上的变革方向面临的最突出问题是"人"的潜力没有得到充分发挥。

黄益平等（2014）认为要素市场尤其是劳动力市场的变化是推动市场模式转变和中国经济转型的主要驱动力。黄益平等的一系列研究则重点关注成本结构性问题影响了劳动力资源配置状态，从而最终影响劳动生产率。任保平和宋文月（2015）认为中国要素禀赋结构发生了变化，这些变化不仅引起原有比较优势和增长红利的衰减，还制约了中国经济增长的潜力开发。在一国经济增长中，产业结构和技术结构总体水平的升级是一个经济中要素禀赋结构变化的结果。刘志彪（2015）认为主导国家发展命运的决定性因素是社会生产力发展和劳动生产率提高，因此提高生产率才是政府推进经济转型升级的政策目标和依据，当前我国经济面临持续的下行压力，本质上是因为生产率的持续下降与要素成本上升的共同作用。

阿塞莫格鲁（Acemoglu，2008）将"发展陷阱（development trap）"定义为一种因为市场失效而存在经济效率损失的持续状态。很多与"中等收入陷阱"成因相关的文献几乎都强调了收入分配不均在经济停滞过程中的重要影响。实质上，收入分配不均会严重损害劳动的积极性，而劳动者积极性不高、劳动努力程度供给不足会导致劳动效率过低，在社会资源整体效率偏低的情况下，即使大力提高劳动者的收入，仍然无法提高劳动效率，因此这种收入的增长是暂时的，为劳动支付过多的报酬造成了社会或政府沉重的负担，例如拉美民粹主义的劳工立法虽然保障了劳动者的收入权益（樊纲和张晓晶，2008），可是社会经济并没有实质性的增长。樊纲和张晓晶（2008）进一步指出拉美国家的劳动市场在工资和就业两方面均具有刚性，这使劳动市场缺少流动性，无法发挥合理配置劳动力资源的功能。拉美民粹主义的劳工立法不利于激发劳动积极性，原因在于：（1）高度就业保护。劳资双方一旦签订劳动合同，往往是长期的甚至是终身的。（2）集体谈判地位高。主要工会组织的集体谈判成果往往成为本行业和全国各行业的工资、劳动条件和各种福利的标准，且协议一旦形成，很难改变。（3）社会福利保障高。拉美的社会保障水平在发展中地区是最高的，虽然保障程度不及发达国家，但社会保障税率却接近或高于发达国家。

费尔南多等（Fernando et al.，2013）在研究拉美国家经济增长问题时指出，巴西陷于增长陷阱的一个主要原因是劳动生产率没有实质提高。蔡昉（2013）认为中国经济增长中表现出的全要素生产率，主要构成部分是劳动力从农业转移到非农产业所创造的资源重新配置效率。艾肯格林等（Eichengreen et al.，2013）研究表明，若一个国家大部分人口拥有较高学历水平且技术密集型产品占该国出口的大多数，则发生增长减速的可能性就较小。

美国的管理学教授威廉布朗在20世纪90年代初就曾指出，中国众多的人口既是一种最大的负担，又是一种最大的财富。这一切取决于如何看待和管理这笔财富。中国应该着手认真研究这个人口总体，了解激励他们的因素，把握他们的愿望和需求，懂得如何组织经济活动，提高生产力，使之达到满足人民需要的水平。巴里·诺顿（2010）也指出中国根本无法摆脱的事实是资源环境有限而人口压力巨大，同时中国拥有大量心灵手巧和勤劳智慧的人力资源。巴罗（Barro，2004）则认为，过高的人口增长率会阻碍经济发展，较高的人力资本则会促进经济发展。提高劳动者素质需要长期的人力资本投入积累，而通过合理的制度安排加强培训，提高现有劳动力的受教育水平和技能，可以带来劳动生产率的提高。

余斌和吴振宇（2014）综合追赶进程中资本积累、要素投入和全要素增长率的共同影响，进一步将后发国家追赶周期划分为五个阶段：一是起飞阶段。在制度变革或外部环境的触发下，后发国家开始脱离低水平均衡，向持续高增长转换。这一过程通常较快完成，但是某些国家也会持续较长时间。二是高速增长阶段。由资本积累和TFPⅠ共同驱动的高速增长通常会持续20~30年。在生产率和人均资本存量快速增长的同时，往往经历剧烈的产业升级和结构变化。基本趋势是产业技术和资本密集程度越来越高，同时居民消费结构、城乡结构、出口结构等优化升级。三是中高速增长阶段。市场空间变小，要素成本快速上升，资本积累速度开始下降，效率提升从TFPⅠ向TFPⅡ过渡。企业开始加强创新和海外市场开拓，行业内企业优胜劣汰成为常规现象。四是中低速增长阶段。技术引进空间较小，国内市场饱和，生产综合成本达到国际平均水平，投资率进一步下降，增长动力从TFPⅡ向TFPⅢ过渡。仅依靠模仿式创新已经无法覆盖不断上升的生产要素价格，更多企业开始涉足前沿技术的研发和商业模式的创新。五是增速回归阶段。后发优势完全释放，追赶进程基本结束，TFPⅢ成为主要增长动力。经济增长速度与发达国家基本相当，市场体系完善、产业结构稳定。制度、资源、文化等因素对创新和增长水平的影响凸显。五个阶段的更替是渐进的过程。前两个阶段经济发展更多依靠数量扩张，后三个阶段则更多依靠质量提升。

刘伟和苏剑（2014）认为我国应该适度降低经济增长目标，深化改革，加快产业结构调整和自主创新，实行供给和需求双扩张的政策组合，在需求管理方面，实行货币稳健或小量紧缩、财政扩张的政策组合。他们认为可以借助深化改革来消化劳动力成本上升的影响。通过劳动用工制度改革调动劳动者的积极性，提高其生产效率，这有助于降低单位产品的平均成本。通过教育体制改革提高教育系统的效率，培养适合市场需要的高素质劳动力，也可以降低产品的平均成本。通过科技体制改革释放科技工作者的活力，促进企业进行和扩大研发活动，通过技术进步来降低平均成本。

都阳和曲玥（2009）以我国的制造业作为研究对象，分析了中国2000～2007年工人工资报酬、成本优势与企业劳动生产率三者之间的关系。姚战琪（2009）研究了中国的劳动生产率增长对生产要素所产生的配置效应。徐莉和唐亮（2010）对中国中部地区的制造业的劳动生产率进行了分析，主要探讨了劳动生产率与制造业结构之间的关系。彭晓和李源（2010）以上海的企业作为研究对象，从就业结构变迁的角度对影响劳动生产率的因素进行分析。高帆和石磊（2009）对我国不同省份劳动生产率进行统计检验，发现我国各省份劳动生产率增长具有明显的收敛性。车维汉和杨荣（2010）以技术效率和技术进步作为研究变量对我国农业全要素的劳动生产率提升进行了分析。杨凌、李国平和于远光（2010）从结构红利假说出发，对区域劳动生产率增长的特征和源泉进行了探讨和研究。

柏满迎和任若恩（2002）对我国1980～1999年劳动生产率总体发展趋势进行了分析和研究。刘黄金（2006）对我国不同区域劳动生产率进行了收敛性的分析。袁鹏（2007）通过实证研究的方法对生产要素的流动对劳动生产率的增长产生的影响进行了分析和研究。李小平和卢现详（2007）从制造业就业结构的角度出发，使用 shift-share 方法对就业结构和劳动生产率增长率之间的关系进行了研究和探讨。吕铁（2002）使用扩展的 shift-share 方法，对我国制造业进行了分析，他发现不同行业之间的劳动力流动不会对劳动生产率的变动产生太大的影响。

李实和万海远（2014）根据我国近年来劳动力发展的现状，认为我国必须深化改革，提高劳动者地位，防止收入差距过大和收入分配不公。如果劳动报酬过低和劳动者权益无法保障，会阻碍经济发展，带来人力资本积累不足和社会的不稳定；而且，如果劳动力要素报酬降低，人力资本无法得到有效回报，那么经济就会缺少创新能力，因为当一个国家从中等收入国家向高收入国家迈进的时候，靠的是创新和劳动生产率的提高，而这都离不开高素质的劳动力投入。

第二节 结构性变化对提高劳动生产率的 影响相关文献

资源由生产效率低的部门向生产效率高的部门转移的结构变化，可以对全面增长作出巨大贡献（H. 钱纳里，1986）。在短期内，结构变化能够对经济产生重要作用（多恩布什，1997）。布卢姆和坎宁（Bloom and Canning，2000、2004）发现一国人口结构和年龄结构与经济增长具有较强的相关性。林毅夫（2012）从新结构经济学的视角研究了发展中国家经济增长问题。"结构性加速"与"结构性减速"在中国存在区域性差异，东部地区和西部地区分别呈现"结构性减速"和"结构性加速"，而中部地区"加速"与"减速"并存。对产业结构影响劳动生产率最典型的研究反映在"结构红利假说"理论上，该假说由佩纳德（Peneder，2003）提出，由于各部门具有不同的生产率水平和生产率增长率，因此当投入要素从低生产率水平或者低生产率增长的部门向高生产率水平或高生产率增长部门转移时，就会促进由各部门组成的经济体总体经济生产率增长。

任保平和宋文月（2015）认为在一国经济增长中，产业结构和技术结构总体水平的升级是一个经济中要素禀赋结构变化的结果。在要素禀赋结构变化的背景下，存在着各种各样的产业与技术可供选择，当产业结构因要素禀赋结构的变动而需升级时，无论是企业家还是政府，都需要把握技术或产业最能充分利用的比较优势，并依据新产业的市场潜力和可能存在的竞争对手等一系列信息进行行为调整。从经济发展的一般原理来看，在经济增长的早期阶段，要素禀赋结构的特征是资本的严重缺乏，劳动力要素丰富，一个处于落后地位的经济体要追求的经济增长应该是要素禀赋结构的提升或人均资本占有量的增加，经济增长主要依赖要素规模的扩大来实现。生产要素禀赋结构不同，则生产要素供给结构进而产业结构不同，当要素禀赋结构的水平提高了，资本变为相对丰富且便宜，劳动力变为相对稀缺而昂贵，以便宜的资本来替代昂贵的劳动就是经济增长的自然要求，整体的产业结构和技术水平的升级就与要素禀赋结构升级相适应，经济增长模式就要由规模扩张转变为效率提升。

他们还分析了我国人口要素禀赋的变化。中国在过去三十多年间的高速的经济增长很大程度上取决于廉价劳动力的充分供给，较高的劳动人口比例释放了巨大的人口红利，推动了经济的高速增长。然而，新常态下中国人口的总量与结构都发生了变化，随着中国人口增速逐渐减缓，老龄化形势日益严峻，依据国家统计局数据显示，2013 年末我国人口总数为 13.6072 亿人，增速由 2012 年的 6.97% 降至 4.93%，尽管中国总抚养比与少儿抚养比均呈逐年下降，分别由 2000 年的 42.6% 和 32.6% 降至 2013 年的 35.3% 和 22.2%，但老年抚养比呈逐年缓慢上升态势，由 2000 年的 9.9% 增至 2013 年的 13.1%，且增速基本保持在 3%，对总抚养比的影响权重不断提高，使总抚养比在此后三年有小幅回升的态势，由 2010 年的 34.2% 回升到 2013 年的 35.3%。中国人口的总量与结构的这些变化，表明支持中国三十多年高速增长的人口红利逐渐消失，人口要素的禀赋结构发生了变化。

马晓河（2011）认为在产业结构方面，巴西越过劳动密集型产业发展阶段，过早地推进资本密集的重化工业发展，忽视劳动密集型产业的增长，使得资源过分向钢铁、建材、化工、汽车、造船、航空等倾斜，不但造成了工业与农业、重工业与轻工业、基础产业与加工工业的比例失调，而且还造成了很高的失业率。在收入分配结构上，巴西收入分配两极分化严重，贫富差距不断扩大，导致国内市场消费需求不足，引起社会不稳定。马晓河（2011）还分析了日本成功跨越中等收入国家进入高收入国家行列的重要原因。他认为日本致力于实现完全就业，大幅度提高国民生活水平，缩小农业与非农业、大企业与小企业、地区之间以及收入阶层之间存在的生活和收入上的差距，使国民经济和国民生活均衡发展。日本国民收入不仅有了大幅度的增长，阶层间收入差距明显缩小，城乡间收入差距基本得到消除。收入差距的缩小以及城乡差距的消除，大大有利于社会劳动积极性的迸发。

刘志彪（2015）认为主导国家发展命运的决定性因素是社会生产力发展和劳动生产率提高，因此提高生产率才是政府推进经济转型升级的政策目标和依据。无论是空间上的"腾笼换鸟"，还是加大研发投入比例，或者调整产业结构，都不能成为实现经济转型升级的标志和政策导向。当前我国经济面临持续的下行压力，本质上是因为生产率的持续下降与要素成本上升的共同作用。他认为，在实践中，转型升级的内涵不清晰，这自然导致促进转型升级的政策标准和边界的模糊，使推进转型升级的实际行动被虚置，甚至走向歪路。经济发展新常态下，我国正面临着增长速度下降、增长动力重塑、经济结构重调、经济风险防控等艰巨任务，如果转型升级工作不力，极有可能使我国发展陷入"中等收入陷阱"。

有人把我国的转型升级理解为提高研发（R&D）占GDP比重，认为这样就加快了技术进步，就进入了以创新为主导的经济发展轨道。其实研发投入比例的提高，离实际的科技产出还有很长的路要走。很多的研究开发活动还只是属于创造知识的范畴阶段，并不是真正进入了创造财富的阶段，因此用这个指标反映转型升级，并不具备充分的理论依据。这对于实践可能也有巨大的危害，由于它本身并不考虑研发投入的效果，因此以此指标考核地方和部门的转型升级绩效时，就容易驱使地方或部门不计效果地进行浪费性投入，甚至不断地、大规模地为这个指标造假。例如，有些地区要求那些只具有"世界工厂"性质的外资制造加工企业也要设立研发中心，结果这演变成了套取政府科研投入经费的一个途径。

有人认为转型升级就是从制造业转向现代服务业，服务业占比越高，转型升级越成功，制造业占比高就是转型升级不力。现代经济发展体现为以制造业为主转向为以现代服务业为主的产业结构，转型升级也会推动产业结构的演变，但反过来并不成立，即不能以服务业占比来衡量转型升级的程度。首先，从宏观经济看，产业结构中制造业占比高还是服务业占比高，是由经济发展水平和阶段决定的，是由人均收入水平高低决定的。其次，从微观经济看，企业选择什么产业，取决于它的比较优势和竞争优势，人为地推进它们都进入服务业，不符合基本的经济理性。最后，从地区经济活动看，我国人均收入较高、经济发展领先的地区其服务业比重反而较低。其实，服务业比重的演变规律，并不适用、也不能用于指导一个经济体系并不完整的、缺少相对独立性的非大都市经济区的结构调整，尤其不适合用来指导一个省内某些行政区域的结构调整。我国经济发达地区服务业比重长期难以较大幅度上升的原因，除了受收入水平等因素影响外，还主要与其深度地参与全球产品内分工的特性有关，即大量承接国际制造业外包使全球制造业市场成为支持这些地区制造业比重持续上升的因素。实践证明，用服务业占比这个指标去衡量转型升级水平，容易人为地导致"制造业空心化"和制造业早衰现象，并引发大规模的"经济泡沫化"。

从发展上看，主导国家发展命运的决定性因素是社会生产力发展和劳动生产率提高。因此，提高生产率才是政府推进经济转型升级的政策标准和依据。原因在于：第一，实施转型升级，无论发展什么产业，根本上是要提升企业竞争力，实现生态文明。企业采取提高员工素质、研发新技术、更新设备、加强管理、构建渠道、培育品牌等策略，在很大程度上都是通过提高生产率的方式，增强企业的盈利能力和效益。第二，提升生产率是实现稳增长的重要保障。企业生产率慢于劳动力工资、资金价格上涨，是企业经营效益下降、投资意愿减弱的主要原因，在宏观上就表现为经济增速下降、财政增收困难等。归根结底，企业生产率的不断提高，才是经济增长经久不衰的可持续源泉。第三，只有生产率的提升，才能使城乡居民收入提高进入良性轨道。"惠民生"最重要的表现就是城乡居民收入稳步提升，工资作为居民收入的主要来源，其增长的可持续性在于劳动生产率的提高速度能否与之保持同步和适应，如果不能则"收入倍增"等规划就是无源之水。基于此，刘志彪（2015）认为面对当前生产要素成本的不断上升，转型升级的真正含义和由此决定的最佳策略，就是要让传统产业提升生产率，通过生产率上升克服成本上升因素，并通过更低的成本和价格刺激市场扩大。

邹华生（1998）对东亚与拉美劳动力素质进行了比较分析，认为由于东亚各国（地区）政府普遍将改进初等教育作为一个主要教育目标，并在经费投入方面通过优先发展初等教育和中等教育，而使低收入家庭中的孩子受益更多，尽可能使更多的人有机会接受更多的教育。而拉美国家对高等教育更为重视，对劳动力素质起更大影响的基础教育却投入不够。过大的收入差距，使拥有自然资源的少数精英控制着政府，他们认为没有必要将基础教育扩及到整个劳动大军。在整个拉美，由于忽视基础教育而对高等教育过分偏重，造成了十分消极的后果，即文盲率过高，文盲率过高使提高劳动力素质的难度极大。实质上，在经济发展水平较低的阶段，处于生产低端的劳动力是主要力量，如果教育投入不足以改善这部分劳动力的素质，收入分配不能促进他们生产积极性的提高，则都可能造成整体劳动效率低下。

实质上，影响劳动生产率提高的因素很多，包括劳动者素质、科技水平、组织管理方式、劳动工具和自然条件等。而文化因素也不可忽视，正如有学者认为，东亚文化中有许多要素是非常有利于经济发展的，其中包括重视教育、工作积极性高、勤奋、节俭等，而拉美文化中缺乏这些要素（江时学等，2001）。更为重要的是，要通过经济结构的优化和联动调整，促进劳动力流动使劳动力资源配置合理，改善低收入群体报酬和整个社会劳动的报酬，激励劳动者的积极性，从而实现效率增长。劳动生产率对于跨越中等收入陷阱的作用重大，经济发展的过程最终需要生产效率驱动。

学者们通过比较东亚和拉美部分国家在中等收入阶段的发展经验和不足，发现东亚国家或地区劳动力普遍勤劳努力，劳动努力供给程度高；而拉美国家劳动力比较懒惰懈怠，劳动努力供给程度较低。劳动力的这种区别之所以存在，一方面是因为传统习惯，另一方面也是因为各国的产业结构、政策和体制不足以激发劳动者的劳动积极性，最终造成两个不同的结果，东亚国家率先进入高收入行列，而拉美国家很长时期内停滞在中等收入水平。与东亚、拉美国家相比，我国具有人口数量多、社会产出量大、人工成本不算高、劳动人民具有举世公认的勤劳传统这些事实优势；而不足之处在于转轨经济中原有的计划体制遗留，如行政垄断、市场分割和地方保护等，部分地阻碍了经济结构优化，最终阻碍了劳动生产率的提高。我国劳动生产率与拉美国家（如巴西等）一样处于较低水平，我国储蓄率、投资率和总资本形成总额等与东亚国家（如日韩、新加坡）一样较高，我国劳动者具有与东亚国家一样的勤劳传统，但我国劳动报酬的人均水平大大低于日韩等国。因此，充分利用我国现有的优势，克服不足，不断优化经济结构，激发劳动者的劳动积极性，提高劳动者努力程度，最大限度地促进劳动生产率增长，是通过提高要素生产率来实现经济高质量发展必须思考的问题。

统计数据表明，与发达国家比较我国劳动生产率很低。张金昌（2002）认为在不同国家劳动生产率的比较研究中，用"元/人·年"指标计算的我国劳动生产率低于很多国家，但劳动的投入与产出均使用价值量指标计算得出的我国劳动生产率却高于发达国家。但已有研究并没有分析劳动生产率这一矛盾现象背后的深刻原因。当前，我国经济已处在非常重要的结构转型期。其中，投资回报率不断下降，劳动力成本持续上升，人口老龄化形势严峻等不利因素严重影响着增长和转型。世界银行数据显示，东亚部分国家成功快速地进入高收入国家行列，而拉美部分国家（如巴西）长期陷于中等收入陷阱。东亚和拉美国家的发展经验表明，劳动生产率的高低是决定一国经济增长能否顺利跨越中等收入陷阱进入高收入国家行列的关键因素。跨越中等收入陷阱，即要让人均收入水平突破中等收入阶段，其关键就在于具备一个持续和合理的劳动生产率增长率。而从生产效率角度来看，劳动生产率和资本效率一样对于经济具有决定性作用。因此，本书从劳动生产率视角来讨论我国劳动力因素在不同经济结构上的合理配置对人均收入增长变化的影响，在促进经济高质量发展方面意义非常重大。

美国经济学家诺德豪斯（Nordhaus，2001）认为，促进劳动生产率增长的效应包括三部分：（1）纯生产率效应（pure productivity effect），表示以基期产出或投入为权数计算的行业劳动生产率增长率，即按照基期产出或投入权重，计算行业劳动生产率增长率的加权平均值。之所以称其为"纯生产率效应",表示在期初产出或投入份额不变时各行业劳动生产率增加的平均值。(2)鲍默效应(Baumol effect),表示在考察期间内各行业劳动生产率变动和行业权重变动之间的相互影响,对整体劳动生产率变动的作用程度。之所以称其为"鲍默效应",是因为鲍默(Baumol,1986)阐述了产出与生产率之间的关系,并认为产出增长和劳动生产率增长正相关。(3)丹尼森效应(Denison effect),表示因要素流动或投入权重的差异所引起的生产率变动,即不同行业间劳动再分配对劳动生产率的影响。之所以称其为"丹尼森效应",是因为丹尼森(Denison,1985)认为,即使行业劳动生产率不变,但劳动从低生产率的农业向高生产率的工业转变也会提高整体劳动生产率。丹尼森效应能否发挥以及作用的大小取决于产业间劳动生产率要存在一定程度的差异,通过劳动力在产业间的流动使得各产业劳动生产率趋于均衡;与此同时,要有比较完善和有效的劳动力市场,为劳动力从低生产率部门向高生产率部门的转移创造条件。

经济学家威尔顿(Verdoorn,1949)研究了产出增长与劳动生产率的关系,提出了威尔顿定理(Verdoorn's law),即产出的增长可以促进劳动生产率的增长,并进一步通过实证研究得出,产出每增长10%,劳动生产率将增长4.5%。经济学家卡尔多(Kaldor,1966)在威尔顿的基础上进行研究,得出的结论为产出每增长10%,劳动生产率将增长4.84%。

奎斯安(Guisan,2008)研究了1985~2005年欧盟(法国、德国、意大利、西班牙、英国)与美国的劳动生产率与就业的关系。其结论是,同美国相比,欧洲就业率低要归因于人均工业和非工业增加值低,工资不是引起欧洲失业率增加的原因,失业率增加的原因是缺乏有效的政策刺激工业的发展。研究和教育水平以及其他一些变量解释了美国相对于欧洲的较高的就业率。很明显的一点是,美国的经济政策重点放在刺激人均真实GDP的增加以及增加就业,不幸的是欧洲在这方面做得较差,因此,刺激工业和地区的发展,减少劳动所得税,增加对研究和教育的投入是促进就业和劳动生产率提高的良方。有学者研究了中国的FDI、工资和劳动生产率的关系,其结论是,中国的劳动力的确廉价,

FDI 的流入对工资有向上的影响，与劳动生产率也有正相关的关系，但不是劳动生产率提高的决定性因素（Bala Ramasamy and Matthew Yeung，2010）。

关于经济结构对劳动生产率的影响，库茨涅兹（1955）使用了比较劳动生产率的概念，分析指出第一产业的比较劳动生产率越是低于第二、第三产业，国民收入就越低的结论。这就意味着不发达国家要由穷变富，首要的问题是尽快提高农业劳动生产率，把剩余劳动力转移到第二、第三产业中去，以加快其发展。刘伟（2009）深入论述了产业结构高度化即产业结构优化的本质内涵就是劳动生产率提高，一个经济体的产业结构优化在于这个经济体中劳动生产率较高的产业所占的份额较大。

中国经济增长前沿课题组（2015）认为长期经济增长是一个结构演进到均衡路径逐步达成的过程。随着产业结构的持续演进，第二、第三产业劳动生产率趋同是一种潜在趋势。而现阶段中国和拉美等国家第三产业劳动生产率普遍低于第二产业，服务业相对劳动生产率即第三产业/第二产业相对劳动生产率都显著小于 1。国务院发展研究中心课题组（2010）认为非农产业的劳动生产率和农业劳动生产率的比值，反映了通过促进劳动力从农业部门向非农部门流动和重新配置而提高产出的潜力，改革开放后我国该指标为 3.5 ~ 7，与其他国家相比，我国明显偏高。钞小静和沈坤荣（2014）认为城乡收入差距过大因阻碍非熟练劳动力向熟练劳动力转化而影响了整体经济的产出效率。

刘维林（2021）认为劳动要素的价值链分工收益及其嵌入特征是衡量一国在全球价值链中分工地位极具代表性的指标。中国劳动要素在全球价值链分工中地位的变迁以及与发达国家存在的差距，凸显了强化劳动要素支撑对于提升中国产业链供应链现代化水平所具有的重要意义。应通过根植于人的知识、信息、能力等智力要素形成对全球价值链的深度嵌入，提升中国企业在全球价值链中的话语权，再逐渐形成对全球价值链的掌控能力，推动发展方式由物的投入向人的投入转型，激发人的创造潜能和创新活力。

第三节　价值链重构与产业链重构相关文献

一、价值链相关概念

哈佛商学院波特教授（1985）在其所著的《竞争优势》一书中首次提出了价值链的概念，并把生产要素分为初级要素和高级要素。在波特看来，企业是用来进行设计、生产、营销、交货以及对产品起辅助作用的各种活动的集合，这些活动被称为价值活动。价值链不仅存在于企业内部，还存在于企业与供应商、渠道之间，供应商价值链、渠道价值链、买方价值链与企业价值链构成了价值系统。

以价值链为分析工具，有助于整合垂直一体化企业所有的经营活动，可以突破企业界限并扩展到不同企业之间，为整合微观和宏观、部门和企业、私营机构和公共机构以及地区和全球之间的一体化系统研究提供了可能。价值链理论为有效规划和控制物流、资金流、信息流等创造商品价值的资源，运用现代企业管理思想、方法和信息技术、网络技术和集成技术有效配置资源提供了理论指导，据此把核心企业与客户、分销商、供应商、服务商连接成一个完整的网络结构，提高了战略联盟中企业和产业竞争力。随着企业所处的竞争环境和竞争条件的不断变化，波特的价值链理论存在的问题与不足也日益凸显出来。一是其理论为工业经济时代的产物，主要适用于产品形式为实物的公司及产业，而在第三产业中产品表现为智力成果及服务，基本活动和支持活动之间没有明显的职能分工，理论应用受限。二是关于信息的作用。波特虽然也指出了信息在企业中的重要作用，但只是将其作为价值增值过程的辅助因素，并没有作为价值本身的来源，在信息技术迅速发展下，网络迅速普及，信息已经成为独立的生产要素而被许多竞争力强的企业用来为顾客提供和创造价值（卢志渊，2016）。

后来，随着迅速推进的信息化与全球化，价值链理论也出现了两个维度的演变，产生了虚拟价值链和全球价值链思想。杰弗里和约翰（Jeffrey and John，1995）提出虚拟价值链（VVC）概念并指出，进入信息时代的企业都在两个世界中进行竞争：一个是管理者可以看到、触摸到的由资源组成的物质世界，另一个则是由信息组成的虚拟世界。在物质世界中基于物质资源的增值活动构成了实物价值链（波特所称的价值链），而与此相应，在虚拟世界中基于信息资源的增值活动则独立出来构成虚拟价值链。虚拟价值链围绕着信息而展开，是由搜集、组织、选择、综合、分配信息等一系列行为组成的价值活动。因而也可以称为信息价值链，电子商务所构造的价值链就是一种典型的信息价值链。

格雷菲（Gereffi，1999）提出"全球商品链"（GCC）的分析框架，将价值链与全球组织直接联系起来，具有里程碑式意义。格雷菲提出生产者驱动和购买者驱动两种模式，前者多存在于技术、资本密集型产业或一些新兴现代制造业，后者多存在于劳动密集型传统产业。随着经济全球化，产品内分工成为一种新的分工形式，商品的生产过程被分解为不同阶段，围绕某种商品的生产形成一种跨国生产体系，把分布在世界各地不同规模的企业、机构组织在一个一体化的生产网络中。于是，在"全球商品链"（GCC）的基础上，全球价值链（GVC）这个概念应运而生，并被广泛使用于研究国际产业内分工中产生的各种现象和全球性跨国企业或组织的行为与活动中。

全球价值链作为生产组织层面的概念，从产品的价值创造和实现的视角出发，重点强调在跨国公司主导下形成的不同国家企业负责不同的生产环节，从而组成的如同链条的生产组织模式。在相关诸多文献中，联合国工业发展组织对全球价值链的定义具有代表性："全球价值链是指为实现商品或服务价值而连接生产、销售、回收处理等过程的全球性跨企业网络组织，涉及从原料采购和运输，半成品和成品的生产和分销，直至最终消费和回收处理的整个过程。包括所有参与者和生产销售等活动的组织及其价值、利润分配，当前散布于全球的处于价值链上的企业进行着从设计、产品开发、生产制造、营销、交货、消费、售后服务、最后循环利用等各种增值活动。"①

二、全球价值链对产业和企业发展的影响

随着经济全球化，国际分工模式发生了很大的变化，产品内分工成为当前国际分工的主要形式，产品生产工序碎片化、全球价值链分工模式导致更多的世界贸易表现为中间品的买卖。全球价值链（GVC）是在国际分工发展到产品内分工后自然出现的一个概念（张晓攀，2021）。由国内市场到全球市场，必然带来市场需求的扩大，由此给产业分工和专业化带来了更大的空间，价值链进一步细分和延伸，并且从企业内部拓展到企业之间。正如中国社会科学院工业经济研究所课题组（2021）指出分工受市场容量的限制，融入全球产业分工体系可突破国内市场容量的限制、扩大市场需求规模，因而有利于分工的深化。

全球市场中产品内分工和全球价值链重构，导致各个国家和地区间形成了一种新的分工和竞争格局，国际的产业竞争演变为价值链重构，经济解构现象随着世界性产业分工体系的价值链变革逐渐在各国的产业结构体系中发生，各国产业联动发展和结构分化的全新格局正在形成（张平，2014）。很多学者认为参与全球价值链有利于技术进步与经济增长（Amiti and Wei，2009；Baldwin and Yan，2014；Taglioni and Winkler，2016；Kummritz，2016）。参与 GVC 会改善企业全要素生产率，原因在于：大市场效应，即进入更大的市场可以使得企业开展规模经济，学习新的技术和产品，变得更有效率（Baldwin and Yan，2014）；中间品效应即企业通过参与价值链得以接触更低廉、更多样或更高质量的中间产品，从而减少成本并改善效率（Kelly，2004）；竞争效应即参与 GVC 会面临来自国际市场的竞争压力，促使企业改善效率以应对更高强度的国际竞争（Chiarvesio et al.，2010）。

---

① 资料来源于联合国工业发展组织网站，https：//www.unido.org/.

三、中国在全球价值链中的地位和表现

关于发展中国家在全球价值链低端锁定的原因，汉弗莱和施米茨（Humphrey and Schmitz，2000）指出，发展中国家在价值链分工中，当试图实现高附加值的价值链环节升级时，会受到发达国家的阻碍和控制。价值链分工有助于发展中国家实现起飞或进行低端阶段的工业化进程，但是在进行到高端工业化进程中，却广泛地出现了被"俘获"的现象。由于发展中国家与发达国家的技术前沿和创新体系存在一定差距，导致其国内企业在嵌入全球价值链的过程中只能立足于劳动力和自然资源等竞争优势，从事低附加值、高能耗的加工组装环节，形成对发达国家高技术零部件的进口依赖，被迫锁定在价值链低端（Humphrey and Schmitz，2002；Gereffi，2001）。阿吉翁等（Aghion et al.，2009）也认为企业在价值链中的"俘获效应"取决于技术的行业或产业特征，更关键的在于欠发达地区的技术行业或产业到技术前沿（最发达国家技术）的距离。与前沿技术水平的差距越大，那么该行业或产业在价值链中越容易受到来自发达地区的技术冲击，从而造成对研发创新活动的负向影响。

科斯蒂诺特等（Costinot et al.，2013）指出一个产品将在不同阶段进行生产，在每一个生产阶段，都有发生错误的可能，并导致该阶段之前所有投入的损失。因此，发展中国家由于人力资本投入较低等能力不足的问题，会面临较高的犯错可能性，于是只能融入价值链的低附加值阶段。因此，嵌入 GVC 会给发展中国家企业带来双重效应，即效率改善效应和效率抑制效应，GVC 嵌入和效率升级之间存在非线性关系。

在全球价值链中所处地位还受资源控制力影响。以跨国公司为代表的各行业龙头企业控制了行业中的主要资源，例如产品设计、新技术、品牌或者消费者需求（Gereffi et al.，2005）。一些资源的获得需要长期积累，比如通过持续的广告来建立品牌知名度，这些很难被复制（Teece，1988）。汉弗莱（Humphrey，2004）提出"技术阶梯"的存在，价值链

高端环节往往被技术领先的发达国家占据，处于微笑曲线的两侧。中国等发展中国家和其他新兴国家因为主要从事装配、测试和包装活动，只能获得较少的产品价值收入（Dedrick et al.，2010；肖文和殷宝庆，2011；樊茂清等，2014）。

中国通过承接 GVC 中的劳动密集型环节，以低端要素嵌入全球价值链进行国际代工，以"大进大出，两头在外"为特征的加工贸易成为我国参与国际分工的主要模式（王岚和李宏艳，2015）。有学者计算了中国的"GVC 地位指数"，发现"劳动密集型"制造业部门的比重明显高于"资本密集型"和"资源密集型"制造业部门，但其在全球生产网络中的地位有不断上升趋势（王岚，2014；樊茂清等，2014）。

程大中（2015）基于跨国投入—产出分析综合评估了中国参与全球价值链分工的程度及演变趋势，其中中国服务业主要通过中间投入（含有间接增加值）这一渠道融入全球价值链分工。石喜爱等（2018）指出发达国家通过对后发国家的价值"俘获"、贸易壁垒、压低采购价、屏蔽技术外溢等手段，使得发展中国家在参与全球价值链分工过程中难以实现价值链攀升从而进入高端阶段。

效率因素是决定企业在全球价值链中嵌入程度的关键，高效率企业更倾向嵌入全球价值链，而融资约束会形成阻碍，同时发现效率与全球价值链嵌入呈现"U"型关系，中国企业"走出去"和突破价值链低端锁定困局要注重效率提升和解决融资约束问题（吕越等，2015）。参与全球价值链可以有效提高企业生产率，这一关系在不同计量方法、不同 GVC 嵌入指标、生产率度量指标、控制内生性以及剔除样本极端值等条件下都稳定成立。这表明中国企业可以通过融入全球价值链实现生产效率的改善（吕越等，2017）。倪红福（2016）研究则指出全球价值链中我国产业部门层面的"微笑曲线"并不具有普遍意义。

四、全球化中价值链重构与产业链重构之间关系

肖兴志（2021）在关于全球价值链的中高端特征及其价值增值模

式的讨论中，对全球价值链为何会分中高端和低端进行了解释。从经济活动在产业链上的表现来看，产业链实际上是不同生产要素在产品价值增值的不同环节聚集的过程。越是基本的生产要素越具有一般性，并越容易被替代，如土地、劳动工具、劳动力等，其价值增值模式很简单，追求规模经济效应时，在经济活动中的创造性有限。而一些独特的生产要素，如知识、技术、信息等往往具有专用性，比较难以获得，且在经济活动中难以被替代，这些高级要素推动了经济活动中的创造性，并且进一步降低了获得和组织基本生产要素的成本。因此，产业链中的价值创造差异性主要是由生产要素的高级性决定的，全球价值链的中高端也是以高级要素为自身的优势要素。全球价值链中高端的高级要素不仅具有稀缺性，而且具有较强的流动性。高端要素因其稀缺性所带来的收益主要被价值链的中高端所占据。知识、技术、信息、经验、管理等高级要素嵌入并渗透到基础要素后，一般加工型劳动力和一般成本物品都有机会成为较高级、较复杂的人力资本和技术先进的机械设备。特别是将上述高级要素与一般性劳动结合后，生成了复杂、娴熟的劳动，这样的高素质劳动者因为具有高级的知识、技术和经验等要素，在一段时间内就会在市场上获得某种程度的垄断收益的权力、高于一般水平的经济利润和对于价格的话语权。全球价值链中高端凭借着对高级生产要素的掌握和配置使自身在国际分工中所获取的收益大幅增加，即要素的高端嵌入帮助全球价值链的中高端获取到基础收益之外的超额利润。

有研究认为中国生产要素供给质量不高无法满足现代高端制造的要求（Fu and Hong，2011）。杨丽君（2019）认为中国制造向"中国智造"的转变，需要更多高级生产要素的支撑，离不开知识的积淀，需要提高生产要素质量，以便加快制造业升级。刘斌等（2016）系统考察了制造业服务化对企业价值链升级的影响，结果表明制造业服务化不仅提高了中国企业价值链的参与程度，而且提升了中国企业在价值链体系中的分工地位，同时通过垂直效应和水平效应提升了企业出口产品品质。在全球价值链视角下，现代生产性服务业是为制造业提供知识技术与信息服务的产业部门，是企业价值链中最具竞争优势、增值最大的环节。现代生产性服务业的集聚能够通过产业关联效应促进制造企业集群化发展，是制造业集群嵌入全球价值链的关键（高峰，2007）。

全球价值链重构中制造业和服务业之间关系的演变实质上涉及产业链现代化水平提升。格拉斯和萨吉（Glass and Saggi，2001）认为，价值链的外部市场为企业研发创新提供了良好的生存环境，廉价且多样化的进口中间投入提升了企业的资源可得性，降低了企业的边际生产成本。拉尔和皮埃特罗贝利（Lall and Pietrobelli，2005）指出外溢技术能否转化为本国创新能力，主要取决于企业对于溢出技术的学习和吸收能力。此处的能力是指在当时的条件下有效地实践知识和技术的能力，决定了一个发展中国家能否以及如何融入全球价值链。杨勇（2019）研究表明我国制造业 GVC 竞争力增长较快，但劳动和有形资本的显性比较优势正在弱化，无形资本比较劣势仍然明显，我国制造业 GVC 就业还有明显的去制造化和服务化趋势，存在制造业服务低端化倾向的隐忧。

中国社会科学院工业经济研究所课题组（2021）指出产业链供应链是一种特殊形式的社会分工协作网络，融入全球产业分工体系可以推动产业链供应链现代化水平提升，原因在于它有利于专业化分工的深化，使参与国获得由专业化分工所带来的益处。专业化分工可节省学习费用，增加整个社会获得知识和积累知识的能力。对于发展中国家而言，融入全球产业分工体系不仅可获得分工深化的收益，而且可获得新的学习收益和技术溢出效益。通过参与全球产业分工的贸易和生产体系，企业可通过"用中学""干中学"等提高技术水平。

结构服务化时期的增长效率模式重塑，应以服务业高端化为牵引，大力发展生产性服务业和知识密集型服务业，强化高端服务供给对人力资本数量积累和质量提升的作用，提升人力资本梯度升级与高端知识密集型服务业的匹配度，推动知识生产与知识消费的一体化过程，从而促进创新效率提升和高质量发展（楠玉和袁富华，2021）。吴先华等（2014）指出制造业信息化与制造业服务化已经成为世界工业化进程中的两个重要趋势。目前制造业产品正在嵌入更多的服务成分，不仅在质量上不断提高，而且更具技术复杂性和使用上的便捷性。越来越多的迹象表明融合发展是中国制造业实现"中国智造"的可行途径。

五、国内价值链及其重构

刘志彪和张杰（2009）指出 GVC 对中国经济发展所带来的机遇和挑战已得到国内外学者广泛的关注，但国内价值链（NVC）对中国制造企业升级和经济可持续发展所具有的发展内涵，似乎并未得到学者足够的重视。他们认为中国的产业升级要在战略层面上思考从全球价值链（GVC）中突围的问题，要加快构建以本土市场需求为基础的国家价值链（NVC）的网络体系和治理结构，要把专业化市场和领导型企业网络作为中国构建国家价值链实现产业功能升级的主要机制和方式。

国内价值链是一个与全球价值链相对应的概念，是在一个主权国家内部开展的基于各地区比较优势的地域分工生产体系，强调国内资源的配置整合（刘志彪和张少军，2008；黎峰，2016）。袁中华（2021）认为为加快形成以国内大循环为主体、国内国际双循环相互促进的新发展格局，中国制造业价值链重构的目标是要改变对传统 GVC 过度依赖的状况，这既需要坚实的内部基础，又需要在国际价值链中占据有利位置，并拥有较高的控制能力，而且更为重要的是，要实现对内开放与对外开放的有效对接以及国内与国际价值链之间的深度融合。

由于不同价值链参与方式承担不同生产环节，供应者主要参与价值链上游环节，在价值链中更多承担关键零部件供应等上游环节任务；生产者主要参与价值链下游环节，在价值链中更多从事生产制造等下游环节生产（Wang et al.，2013）。基于此，盛斌等（2020）研究了全球价值链、国内价值链之间存在替代还是互补关系，指出国内价值链下游参与是衔接全球价值链与国内价值链有效互动的主要方式，而上游参与方式在其中并未发挥明显作用。原因可能在于，中国经济转型过程中出现的"上游市场垄断、下游市场竞争"的非对称市场结构及地方保护主义和地区市场分割，特别是掌握关键资源和经济命脉的上游要素市场，使国内价值链上游环节存在明显的行业垄断和区域分割特征，具有较强的内在封闭性。其知识、技术、资本及人才等资源不易在上游链条外扩散与流通，从而无法与全球价值链网络形成有效对接与整合，因此国内价值链上游参与和全球价值链参与的互动作用不明显。下游环节基本实现了竞争开放，具有较高的有序性和开放度，其资源基本可以实现跨区域和跨行业自由流动，因而能有效对接和整合全球价值链的各个生产环节，延长全球价值链在国内循环链条和提高全球价值链的国内开放度。

杨继军和范从来（2015）以价值链理论为基础，系统考察了"中国制造"对于全球经济"大稳健"时期的影响。通过引入贸易增加值，考察"中国制造"与其他国家经济的联动机制，探讨中国长期徘徊于价值链的下游环节，对价值链上下游之间的价格传导机制产生的影响。研究结果表明，对于中国的制造业来说，随着国内劳动成本的上扬和人民币持续升值，以低端要素为基础的竞争优势正逐渐式微。但是我国的劳动力比较优势尚存，中国应当利用全球价值链重组，进一步提升和发展加工制造业，拓展国际市场空间。在当前的国际分工格局中，加工制造业仍然是我们的比较优势，发展加工制造业没有过时，不应该受到各类产业政策或者贸易政策的限制。戴翔（2015）也认为中国在全球制造业产业链布局中比较优势仍集中在劳动密集型制造业领域。

张其仔和许明（2020）提出我国要以头部企业高质量发展作为产业链提升的"关键"，鼓励和引导创新密集型行业中头部企业加大自主研发力度，提高关键零部件等中间产品自给率，推动引进吸收再创新模式向主要依靠自主创新模式动态转换，提升全球创新链地位，支持头部企业与中小企业实施产业链协同发展，延长国内价值链和国内创新链长度，发挥国有企业原始创新和技术积累优势，推动混合所有制改革，形成"技术＋市场＋运营"协同发展新模式。同时，以中小企业作为"抓手"，综合采用财政和税收政策鼓励和引导中小企业发展，促进中小企业实施工艺创新和产业升级。

吕越等（2018）研究指出，不论是从企业自主研发意愿还是研发强度的角度看，全球价值链对企业研发创新具有显著的抑制作用。企业越依赖于 GVC 生产链，越愿意从价值链中直接进口高技术高质量的中间投入以代替原有的低质量低技术的本国投入，导致其丧失研发创新的动力。基于考察我国制造业与发达国家的技术距离，他们发现那些 GVC 参与程度较深的企业，当企业与发达国家先进技术的距离较近时，发达国家受到竞争威胁会展开对发展中国家技术升级的"俘获行为"。

赵勇和白永秀（2009）认为跨国企业进行传统的垂直专业化分工，是把实力强劲的产业资本通过国际投资的形式对全球生产网络实行渗透的过程，也是技术、人才、知识在全球范围内流动的过程。知识在不断溢出的过程中，会不断传播已有知识，并自身创造新知识，发展中国家会逐步改进生产技术，提高企业运营的管理能力，对技术方式和组织结构进行自主创新。技术创新能力的提升是实现全球价值链升级的关键，也是把控价值链条的核心要素，并且在中国制造业转型升级的发展路径中是一个不可回避的问题。

白清（2015）认为在全球价值链分工体系中，新兴发展中国家可以通过外商直接投资所带来的知识溢出效应来积累本土制造业行业内部升级的技术动力，其中一条主要逻辑是，国外先进资本对国内落后资源的竞争会被动迫使本土企业必须进行技术革新以求发展。本土企业必须在竞争环境中通过学习或变革来实现技术进步。本土知识密集型服务业也会通过加快要素流动匹配，以及对中间投入品的共享，为制造业企业提供高级要素投入，产生知识溢出效应，进而促进创新能力的提升，实现产业竞争力的提升和产业升级。

第一产业的劳动生产率提高造成单位产量所需的劳动力减少，从而导致一部分劳动力从第一产业中游离出来；同时，仍然在第一产业中的劳动者，随着购买力提高，可以更多地购买第二、第三产业的产品和服务，从而支持了第二、第三产业新增劳动力和从第一产业中游离出来的劳动力；与此同理，第二产业和第三产业之间的上述关系更加显著。第一、第二、第三产业就业结构的不断变化呈现出序号低的产业比重逐渐下降，序号高的产业就业比重逐渐上升的现象。所以，人类的生活水平的总趋势是上升的，与之相伴，劳动生产率是逐渐提高的。劳动生产率的提高要考虑在产业结构变化过程中产品或企业在价值链中的地位变化及重构过程。

简要地概括以上文献的核心观点：价值链理论为有效规划和配置资源提供了一个很好的指导。第一，随着经济全球化，产品内分工作为一种新的分工形式出现，全球价值链（GVC）这一概念在国际分工发展到产品内分工后自然出现，经济解构现象在全球价值链分工打破了产业发展的国别独立性和完整性后而自然发生，原先较为完整的产业解构后再重新组合，推动了资源和要素的重新配置。第二，参与全球价值链有利于技术进步与经济增长，更大的市场，价格更低廉、品类更多样的高质量中间产品，更高强度的国际竞争都会带来企业生产率的增长。然而，由于发展中国家与发达国家的技术前沿和创新体系存在较大差距、发展中国家因人力资本投入较低而能力不足、行业中的主要资源被发达国家跨国公司等行业龙头企业控制等原因，使得发展中国家在全球价值链长期被低端锁定。第三，作为发展中国家，中国通过承接 GVC 中的劳动密集型环节，以低端要素嵌入全球价值链进行代工、一般加工型制造业等低端环节。国内价值链中，供应者主要参与的价值链上游环节，在全球价值链竞争中的参与度弱于生产者主要参与的价值链下游环节，国内价值链上游环节有必要加强发展。中国企业"走出去"和突破价值链低端锁定困局要注重效率提升。第四，价值链中的价值创造差异性主要是由生产要素的高级性决定的，全球价值链的中高端是以高级要素为自身的优势要素，高级要素具有稀缺性和具有较强的流动性。知识、技术和管理等高级要素与一般性要素结合后形成的生产过程可以改变在价值链中的地位。第五，中国生产要素供给质量不高不足以满足价值链高端化的需求，我国价值链向高端化迈进需要更多高级生产要素的支撑和知识的积淀，而且应该以服务业高端化为牵引，大力发展生产性服务业和知识密集型服务业，强化高端服务供给对人力资本的数量积累和质量提升，知识密集型服务业也会通过加快要素流动，以及对中间投入品的共享，为制造业企业提供更多高级要素投入，产生知识溢出效应，进而促进制造业高端化。

虽然从上述已有理论文献的梳理中可以明白，我国结构性改革和价值链重构都是围绕生产效率提高而进行，但是现有文献并没有解释，为什么结构性差异的存在压抑了生产效率？是什么因素让我国原有的增长模式逐渐失去效率而增速放缓？我国当前面临经济增速降低，为什么要进行价值链重构进一步推动结构性改革？当前世界经济都面临经济服务化趋势，同时发达国家几乎都在推动制造业向高端发展，在价值链重构中如何处理制造业和现代服务业发展之间的关系？如何重构价值链？正如屠年松和易泽华（2018）指出现有关于价值链重构的研究文献实证研究居多，理论研究较少，主要从技术性方面测量了价值链的参与程度和分工地位等，尚未从理论上回答为什么进行价值链重构和如何重构价值链。

本书基于经济增长势能模型和最小经济增长势能原理，认为价值链重构可以有效提高资源要素流动性，推动供给侧结构性改革，按照这样的逻辑思路思考上述问题，可以非常有针对性地从理论上逻辑严密地进行解答。我们认为，经济增长一定意义上就像运动的物体由低向高处变动一样，同样遵循动能和势能的转化规律，特别是对于具有主观能动性的劳动力而言，经济增长势能更能解释随着经济增长，部分人变得更加富有，而部分人变得相对贫穷，这种相对收入状态的改变会导致原来可能目标一致的群体出现有差异的行为和动机。因此，增长动能逐渐转变为增长势能，资源配置状态变得相对固化，社会阶层不易改变，由此降低了社会流动性，最终导致部分劳动者积极性受影响而阻碍劳动生产率的整体提高，从而使资源配置效率降低。

根据最小势能原理，收入从低水平高速增长到中等收入或高收入水平，经济增长的动能会逐渐转变成经济增长势能，如果经济增长势能大于期望势能参量，即大于 0，违背最小势能原理，经济增长势能会转化为降低经济增长的负动能，会绝对地减小增长速度。因此，当收入增长到某个水平或阶段后，应该通过某种方式在这个平台上作出合理的调整和资源重配，使经济增长势能尽可能接近期望参量 0。在经济增长势能达到这个期望参量后，个体行为方式和工作积极性的边际差异再次变小，群体工作协调性系数变得更高，劳动生产效率和资源配置效率提高，收入增长会重新回到一个快速增长的通道。因此，在收入增长由低水平达到中等收入水平以后，经济增长势能重回期望参量（0）的过程长短决定了经济体在这个阶段停留的时间长短。停留时间过长则形成发展陷阱（如拉美国家），停留时间很短就进入高收入行列（如东亚国家），由此可以解释中等收入陷阱形成的原因，同时也可以看出劳动等要素生产率增长速度受制于经济增长势能的高低。

很多有关文献强调收入差距过大会影响经济增长。实质上，收入差距过大造成的结果主要是两个方面。其一，严重损害劳动的积极性（前面文献梳理中已经提及）。其二，差距过大的两个主体之间难以形成有效竞争，强者具有控制实力，弱者很难改变现有分配格局，其赶上强者需要较长时间。因此需要通过资源重新配置或价值链重构来改变这一状态，打破经济增长势能的不利影响。基于此，本书从经济增长势能的视角，结合经济增长理论和激励理论等，深入研究我国价值链重构、结构性改革与劳动生产率提升之间的关系。

随着我国双循环格局的构建与推进，其中国内大循环更要通过国内价值链重构实现资源、要素优化配置。当前经济服务化特征日益明显，现代经济结构从以产品生产配置为中心全面转向以人为配置中心，因此以劳动力流动为中心的结构转变将是未来一段时期内经济发展的主要内容。基于此，本书特别重视这种结构性变动过程中价值链重构和劳动力流动影响劳动生产率变化的作用。我国劳动人口数量多，有必要大力发展劳动密集的服务业。但应该明白的是发展现代服务业并不是产业升级的最终目的，而在于切实提高价值链中能有效获取高附加值的产业或产品在生产环节的竞争力，增强主要参与国内价值链上游环节的供应商的竞争力，通过发展现代服务业促进制造业智能化发展和"中国智造"形成。

因此我国价值链重构要提高生产要素的质量，把技术、知识和管理等高级要素与劳动等要素有效结合，大力发展现代服务业。现代服务业的劳动和知识密集型特征正好满足我国劳动数量多、制造业智能化发展依赖于知识等多种需求。知识型现代服务业企业的大量存在有助于构筑一个良好的产业生态，为智能制造的实现奠定基础。随着当前生产分工日益深化和专业化，现代服务业领域存在大量专业化生产的小微企业，这些数量众多的企业家及其知识增长，有助于制造业、科技领域"专精特新"企业的涌现，在价值链重构中特别值得重视。

总而言之，国内价值链重构，从宏观视角来看要明确如何通过结构性改革突破价值链低端锁定，并向价值链高端迈进；从产业层面来看，如何通过先进技术和前沿知识等的广泛应用，与一般生产要素结合，推动产业结构优化和产业升级；从企业层面来看，通过产品内分工和生产专业化精细化，如何促进企业向价值链高端环节的位势提升。这是我国重构价值链推进供给侧结构性改革过程中应该解决的核心问题。

实质上，上述问题的解决可以归结为要素生产率的提升过程。关于劳动生产率的影响因素，对于整个社会生产力经济体系而言，影响生产率的因素可分为宏观和微观两个方面。宏观的影响因素主要包括经济体制、市场化程度、产业结构状况、社会分工发展水平、社会技术水平、教育科技发展水平、投资水平等。微观的影响因素主要表现在劳动者的技术水平、劳动者文化素质和生产组织管理水平等方面。从影响劳动生产率的微观因素来看，主要包括管理、科学技术和劳动者素质、劳动者积极性三个方面。

第一，管理的核心问题是经济的有效组织和协调，组织和协调的深化与劳动分工密切联系，社会分工水平决定了管理水平，管理水平的高低是影响劳动生产率的重要因素。分工是随着社会生产力的发展而不断深化的，而管理是基于分工之上的有效的经济组织和协调，是随着社会生产力的发展而发展的。经济越发展，劳动分工越细，社会劳动协调范围越广，进行组织协调的管理工作对提高劳动生产率的作用也越重要。从管理的本质和目的看，管理的核心是为了提高劳动生产率。在社会经济中，各产业、各部门之间的经济协调更为重要，以科学的工作方法更能充分发挥生产潜力，从而加倍提高劳动生产率，促进社会财富成倍增长。

第二，科技是第一生产力。固定资本的发展表明，一般社会知识已经在很大程度上变成了直接的生产力。社会劳动生产力首先是科学的力量，大工业把巨大的自然力和自然科学并入生产过程，必然大大提高劳动生产率。科学技术一旦渗透和作用于生产过程中，便成为现实的、直接的生产力。现代科学技术发展的特点和现状告诉我们，科学技术特别是高科技正以越来越快的速度向生产力各要素渗透。从人类社会来讲，先进技术促进生产率提高，从而降低了整个社会生产产品的必要劳动时间，经济增长方式由粗放型转向集约型，在增加物质产品的同时保护了自然环境，而且使人们用相对较少的时间创造出满足生产生活需要的物质产品，从而有更多时间从事精神、文化娱乐活动，发展和完善人类自身。

第三，提高劳动生产率，关键是要提高劳动者的劳动积极性和劳动者素质。劳动者素质就是人类认识自然、改造自然所具备的体力和智力的能力。劳动力是社会生产力中的首要因素，劳动者素质的高低直接决定劳动生产率的高低。劳动者是日益扩大的社会财富的创造者，也是先进生产工具的操作者，因此，劳动者本身的素质成为决定劳动生产率提高的主体因素。提高劳动效率，关键有三个方面：一是要提高劳动工具的效率，二是要提高劳动者的素质，三是要提高劳动者的劳动积极性。在这三个方面中，最关键的是提高劳动者的积极性。因为，提高劳动工具效率和提高劳动者的积极性相比，提高劳动者的积极性更为关键。提高劳动工具的效率，关键是技术，而发明技术的主体，是劳动者。所以，若没有劳动者的积极性，技术的发明就是低效率的。劳动工具的使用者是劳动者，若没有劳动者的积极性，劳动工具的使用也是低效率的。

与此同时，提高劳动者素质和提高劳动者积极性相比，若没有劳动者的积极性，劳动者的高素质也就不能转化成为劳动的高效率。提高劳动者积极性的关键是自由与公平。有研究表明，公平具有一定的生理基础，人类对公平的偏好也是人类在进化过程中形成的一种适应性倾向。由于更具公平性的团体，具有更大的生存优势，所以，更公平的群体，会更容易繁衍和生存下来。自由流动是劳动者实现对更公平群体选择的条件，因此，劳动力流动性深刻影响劳动者生产积极性。有研究认为，劳动力投入与其他非人力投入在生产过程中有根本的区别：劳动者有喜好、有感情，而机器和原材料没有；劳动者需要激励措施，而机器不需要。人力资源投入或劳动者的积极性，则是一个社会属性满足的问题，而人的社会属性更多体现在公平方面，所以，公平地对待一个人，为生产积极性提供一个好的环境，有利于效率的持久化。社会有公平，人心就稳，社会就有秩序，社会就会稳定。社会稳定，生产效率就得到了持久保障，效率就不是短暂的。事实也证明，不公平的社会往往是不稳定的社会，其生产也是高成本的，社会发展最终是低效率的，而不是高效率的。

第四节　本章小结

我国具有人口数量多、社会产出量大、劳动人民具有举世公认的勤劳传统这些事实优势；而不足之处在于转轨经济中原有的计划体制遗留、数十年高速经济增长后形成的较大经济差距，部分地阻碍了经济结构优化与劳动生产率的提高。因此，充分利用我国现有的优势，不断优化经济结构，提高劳动要素的流动性，激发劳动者的劳动积极性，提高劳动者努力程度，最大程度地促进劳动生产率增长，是深化供给侧结构性改革的关键。从这个意义上说，从提高要素流动性、激发劳动积极性两个方面深入探索我国推进供给侧结构性改革的措施，值得尝试。

第三章

中国要素生产率与劳动生产率的现状与统计描述

第一节　要素生产率

生产率是经济学中一个很重要的概念，一般指资源（包括人力、物力、财力资源）开发利用的效率。从一个国家或地区的宏观经济增长角度考察，生产率和资本、劳动等生产要素投入一样对于经济增长都有极其重要的贡献。从效率角度来看，生产率等同于一定时间内国民经济总产出与各种资源要素投入的比值，它反映资源配置状况、生产手段的技术水平、劳动力的素质、生产对象的变化、生产的组织管理水平、劳动者对生产经营活动的积极性，以及经济制度与各种社会因素对生产活动的影响程度。李京文和钟学义（2007）认为从本质上讲，生产率反映的是一个国家（地区）为了摆脱贫困、落后和发展经济在一定时期里表现出来的能力或努力程度，是技术进步对经济发展作用的综合反映。因此，生产率水平的高低，决定着国家的强弱、财富的消长和社会的发展速度，是一个极为重要的经济概念和经济指标，生产率水平有效提升是经济高质量发展的核心内涵。

生产率分析中最重要的核心内容之一就是全要素生产率（TFP）分析。全要素生产率的提高在内涵上代表了技术进步、规模经济、管理水平、人员素质、经济环境等因素对产出的作用，体现的是内涵式扩大再生产，它的变化可以体现经济体经济效率的变化和增长模式的转变。不可否认，改革开放引导的制度变革带来了大规模生产要素的重新配置，促进了竞争，使得生产效率得到了很大的提高；同时对外开放的加快，使得大规模引进西方发达国家的先进技术成为可能，从而极大地促进了我国的技术进步。但是技术进步还没有成为生产率提高的主要动力，因此我国过去的经济增长总体上还是外延型的增长。很多研究均表明中国经济的快速增长主要依赖于要素投入增长，而不是依靠要素生产率的提高。随着我国不断建设和完善社会主义市场经济体制，我国经济发展方式得到了极大转变，不断由粗放式向集约式、由外延型向内涵式增长方式转变，不断朝着经济高质量发展目标迈进。

本章对我国的生产率和劳动生产率进行一个较为完整的统计描述，以便从要素使用效率角度明确我国实现经济高质量发展所具备的优势条件和可能不足。当前，中国经济正在经历非常重要的结构转型，表面上是经济增长速度的转换，实质上是经济增长动力的调整与转变。从我国1950 ~ 2022 年的经济增长情况看，如图 3 - 1 所示，1961 年的增长率最低，为 - 31.0%；1962 年的增长率为 - 10.1%；1958 年的增长率最高，为 32.2%。经济增长表现出大起大落，究其原因在于改革前我国经济增长完全是依靠要素投入数量的扩张来实现的。如果把改革以来 1978 ~ 2022 年中国 GDP 增长率变动大致分为三个阶段：1978 ~ 1995 年、1996 ~ 2015 年与 2016 ~ 2022 年。在 1978 ~ 1995 年，1984 年增长率最高达 15.2%；1990 年增长率最低，仅为 3.8%。而 1996 ~ 2015 年，经济增长率基本维持在 7% ~ 12%。实际上前两个阶段我国经济增长方式经历了粗放型逐渐向集约型的转变，说明是要素使用效率的提高降低了经济增长波动的幅度，粗放型或外延式增长方式会带来经济增长大幅度的波动，而集约型或内涵式增长方式会让经济增长相对平稳。

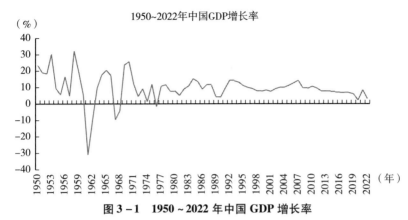

图 3 - 1　1950 ~ 2022 年中国 GDP 增长率

注：1950 ~ 1976 年的增长率数据为工农业总产值的增长率数据。因为此时中国官方没有计算国内生产总值，工农业总产值相当于国内生产总值。

资料来源：相关数据来源于历年统计年鉴和统计公报。

2016 年以后，GDP 增速基本保持在 7% 以下，2020 ~ 2022 年 3 年间，受新冠肺炎疫情、国际环境剧烈变化、国际贸易保护主义抬头等事件影响，我国经济起伏波动较大。近年来我国投资增长很快，而人口老龄化趋势也日趋严重，导致资本劳动比大幅提高，而资本劳动比大幅度提高会带来资本回报率下降的趋势，随着劳动力成本持续不断上升，我国资本边际报酬率和投资回报率不断下降，在外部经济不利的条件下，我国经济增速下滑。白重恩、钱颖一和谢长泰（2007）估算中国总的投资回报率发现，20 世纪 80 年代到 2005 年，投资回报率基本上在 15% 以上，其中 1994 年以后虽然出现阶段式下滑，但是之后保持相对稳定。陈昌盛和何建武（2014）利用白重恩等（2007）相同的方法测算显示 2008 年以后资本回报率较大幅度地下滑，而且存在继续下滑的趋势[①]。资本回报率的下滑说明资源再配置的边际空间在下降，或者是技术进步的速度在下滑。这意味着投资增长难以像过去那样继续高速增长。

从国际比较来看，发达国家的全要素生产率增长对经济增长的贡献率高达 60% ~ 70% ，一些新兴工业化国家的贡献率也超过了 50% ，而我国

---

① 刘世锦主编．在改革中形成增长新常态［M］．北京：中信出版社，2014．

的全要素生产率对增长的贡献却远远小于这一比率。李扬在其主编的《中国经济增长报告（2013~2014）》书中指出 1985~2013 年间，中国全要素生产率增长率基本维持在 2% 左右的水平，对于经济增长的贡献在 20%~30%，且多年来全要素生产率的增长很不稳定，波动较大。出现这种情况的主要原因在于我国的经济增长方式一直以数量扩张型为主，使得整个系统投入产出的效率较低。已有理论表明，要素生产效率对经济增长的贡献越大，经济增长质量就越高，因此要素生产率是衡量经济增长质量的重要指标，我国要实现经济高质量发展目标必须深入思考如何提高要素生产率。

　　要素生产率的变动决定了经济增长的质量，主要包括两个方面：一方面是资本和劳动这两个基本要素；另一方面即全要素生产率。在实际分析时，理论界经常使用劳动生产率、资本产出比率和全要素生产率来评价经济增长质量的高低。有关全要素生产率，近百年来，经济学者普遍重视对经济增长各因素数量关系的分析，并估计出了这些因素在经济增长中的贡献，以确定一个国家经济增长质量水平的高低。劳动生产率是指劳动者的生产效果或能力。劳动生产率不仅是影响经济增长数量的重要因素，同时也是影响经济增长质量的一个重要因素。以全社会为单位来计算生产单位产品所耗费的社会平均必要劳动量就是社会劳动生产率。劳动生产率的提高，意味着活劳动和物化劳动的节约，经济增长质量的目标是提高经济效益，而劳动生产率的提高与经济效益有着必然的联系，劳动生产率的提高是经济效益提高的必备条件。如果说全社会劳动生产率反映的是劳动的使用效率，那么资本产出比率反映的就是资本的使用效率，而资本产出比率的倒数即为单位资本的产出量，这一指标从资本的角度出发反映了经济效益与要素使用效率问题。

　　我国 1952~2007 年的要素生产率如表 3-1 和表 3-2 所示。

表 3-1　　　　　　　　　　改革开放前要素生产率　　　　　　　单位：%

年份	产出增长率	劳动增长率	资本增长率	全要素增长率
1952~1957	7.6	2.3	10.9	-0.03
1958~1966	2.6	1.3	9.8	-3.97

续表

年份	产出增长率	劳动增长率	资本增长率	全要素增长率
1967~1978	6.4	2.2	8.6	0.23
1952~1978	5.9	2.47	10.67	-1.65

资料来源：魏婕，任保平. 要素生产率和经济增长质量的理论与实证分析——基于1952~2007年的数据 [J]. 山西财经大学学报，2009（11）：36-44.

表 3-2 　　　　　　**1979~2007 年要素生产率及其贡献率**　　　　单位：%

年份	产出增长率	劳动增长率	资本增长率	全要素增长率	资本贡献率	劳动贡献率	全要素贡献率
1979	7.6	2.2	8.5	1.5	10.9	69.6	19.6
1980	7.8	3.3	6.6	2.5	15.8	52	32.1
1981	5.3	3.2	5.1	0.9	23.3	59.7	17
1982	9	3.6	5.1	4.5	15.1	35.3	49.6
1983	10.9	2.5	6.7	5.8	8.8	38.3	52.9
1984	15.2	3.8	8.4	8.5	9.5	34.3	56.2
1985	13.5	3.5	10.7	5.5	9.8	49.2	41
1986	8.9	2.8	9.8	1.7	12.1	68.4	19.5
1987	11.6	2.9	9.7	4.5	9.6	51.8	38.6
1988	11.3	2.9	9.4	4.3	9.9	51.9	38.2
1989	4.1	1.8	8.7	-2	17.1	132.9	-50.1
1990	3.8	17	7.2	-7.1	168.8	115.9	-184.6
1991	9.2	1.1	7.1	4.4	4.7	47.6	47.7
1992	14.2	1	8	8.9	2.7	34.8	62.5
1993	13.9	1	8.6	8.2	2.7	38.4	58.9
1994	13.1	1	9.5	6.8	2.8	45.2	52
1995	10.9	0.9	9.2	4.9	3.1	52.1	44.7
1996	10	1.3	9.1	3.9	4.9	56.5	38.5
1997	9.3	1.3	9.5	2.9	5.2	63.7	31.1
1998	7.8	1.2	10.5	0.9	5.7	83.1	11.2
1999	7.6	1.1	9.9	1.1	5.3	80.7	14
2000	8.4	1	9.6	2.1	4.4	70.7	25

续表

年份	产出增长率	劳动增长率	资本增长率	全要素增长率	资本贡献率	劳动贡献率	全要素贡献率
2001	8.3	1.3	9.7	1.8	6	72.6	21.4
2002	9.1	1	9.8	2.6	4.1	66.8	29.1
2003	10	0.9	12.4	2	3.6	76.9	19.6
2004	10.1	1	13.7	1.2	3.9	84.3	11.8
2005	10.4	0.8	16.1	0.2	3	95.4	1.5
2006	11.6	0.8	17.8	0.3	2.5	94.7	2.8
2007	11.9	0.8	18.5	0.2	2.5	95.9	1.6

资料来源：魏婕，任保平. 要素生产率和经济增长质量的理论与实证分析——基于 1952～2007 年的数据［J］. 山西财经大学学报，2009（11）：36－44.

表 3-1 和表 3-2 是魏婕、任保平（2009）使用 1952～2007 年中国经济增长的统计数据利用 C-D 函数计算得出的 1952～2007 年间的要素生产率。由表 3-1 中数据来看，资本增长率高于劳动增长率和全要素增长率，表 3-2 显示 1978 年后劳动贡献率高于资本贡献率和全要素贡献率，而且全要素贡献率波动程度较大。

利用中国的 GDP、劳动要素和资本要素数据计算全要素生产率，如图 3-2。从图 3-2 可以看出，2008～2022 年间我国 TFP 起伏波动较大。

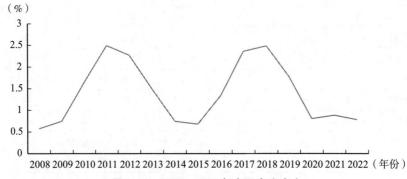

图 3-2　2008～2022 年全要素生产率

资料来源：魏婕，任保平. 要素生产率和经济增长质量的理论与实证分析——基于 1952～2007 年的数据［J］. 山西财经大学学报，2009（11）：36－44.

第二节　我国资本要素生产效率分析

1978～2006 年间我国的投资效率可以借用表 3 – 3 数据表示。庞明川（2008）计算了这一阶段我国的投资产出比（ICRO），从数据看来，20 世纪末到 21 世纪初的多年内 ICRO 值有变大迹象，表明投资效率有下降趋势。其中，ICRO = 固定资本形成总额/GDP 增量，即"资本边际生产率"的倒数，ICRO 越大，投资的效率越低。[①]

表 3 – 3　　　　　1978～2006 年中国的 ICRO

年份	支出法 GDP（亿元）	固定资产投资总额（亿元）	资本形成总额（亿元）	资本形成率（投资率）（%）	固定资本形成总额（亿元）	ICRO
1978	3605.6	—	1377.9	38.2	1073.9	—
1979	4092.6	—	1478.9	36.1	1153.1	2.37
1980	4592.9	910.9	1599.7	34.8	1322.4	2.64
1981	5008.8	961.0	1630.2	32.5	1339.3	3.22
1982	5590.0	1230.4	1784.2	31.9	1503.2	2.59
1983	6216.2	1430.1	2039.0	32.8	1723.3	2.75
1984	7362.7	1832.9	2515.1	34.2	2147.0	1.87
1985	9076.7	2543.2	3457.5	38.1	2672.0	1.56
1986	10508.5	3120.6	3941.9	37.5	3139.7	2.19
1987	12277.4	3791.7	4462.0	36.3	3798.7	2.15
1988	15388.6	4753.8	5700.2	37.0	4701.9	1.51
1989	17311.3	4410.4	6332.7	36.6	4419.4	2.30
1990	19347.8	4517.0	6747.0	34.9	4827.8	2.37

[①]　庞明川. 中国的投资效率与经济可持续增长［M］. 北京：中国社会科学出版社，2008.

年份	支出法GDP （亿元）	固定资产 投资总额 （亿元）	资本形成 总额 （亿元）	资本形成率 （投资率） （％）	固定资本 形成总额 （亿元）	ICRO
1991	22577.4	5594.5	7868.0	34.8	6070.3	1.88
1992	27565.2	8080.1	10086.3	36.3	8513.7	1.71
1993	36938.1	13072.3	15717.7	42.6	13309.2	1.42
1994	50217.4	17042.1	20341.1	40.5	17312.7	1.30
1995	63216.9	20019.3	25470.1	40.3	20885.0	1.61
1996	74163.6	22913.5	28784.9	38.8	24048.1	2.20
1997	81658.5	24941.1	29968.0	36.7	25965.0	3.46
1998	86531.6	28406.2	31314.2	36.2	28569.0	5.86
1999	91125.0	29854.7	32951.5	36.2	30527.3	6.65
2000	98749.0	32917.7	34842.8	35.3	33844.4	4.44
2001	108972.4	37213.5	39769.4	36.5	37754.5	3.69
2002	120350.3	43499.9	45565.0	37.9	43632.1	3.83
2003	136398.8	55566.6	55963.0	41.0	53490.7	3.33
2004	160280.4	70477.0	69198.4	43.2	65117.7	2.73
2005	188692.1	88773.6	80646.3	42.7	77304.8	2.72
2006	221170.5	109998.2	94103.2	42.5	90150.8	2.78

资料来源：中华人民共和国国家统计局，中国统计年鉴［R/OL］，http：//www.stats.gov.cn/sj/ndsj/。

有人还分析了我国产业资本效率，认为第二、第三产业资本效率较差。第二产业投资的ICOR在2000~2008年间保持在3.0左右的水平，2009年以来大幅提升，投资效率进一步下降。长期以来，第三产业投资效率比工业更差，其ICOR持续在4.0~6.0的区间里变化。第二、第三产业投资效率的这种差异，与服务业部门相对于第二产业部门的低水平劳动生产率恰好相对应。这种高投资背后的结构性效率扭曲，是在服务业部门快速发展的转型时期发生的，如果得不到扭转，全社会投资低效率的问题将进一步强化。

从表3-4结果可以看出，一方面，一般固定资本存量的绝对值高于研发资本存量；另一方面，随着中国对研发活动的重视程度越来越高以及自然经济增长所带来的企业对研发活动的依赖程度逐渐提升，研发资本的增长率明显高于一般固定资本。

表3-4 中国资本存量和增速（1990~2019年）

年份	一般固定资本存量		研发资本存量		固定资本存量总计	
	数额（亿元）	增速（%）	数额（亿元）	增速（%）	数额（亿元）	增速（%）
1990	21714	—	334	—	22048	—
1991	24324	12.02	389	16.47	24713	12.09
1992	28351	16.56	453	16.45	28805	16.56
1993	33878	19.49	505	11.48	34383	19.36
1994	39972	17.99	551	9.11	40523	17.86
1995	46586	16.55	589	6.90	47174	16.41
1996	53625	15.11	637	8.15	54262	15.03
1997	60796	13.37	714	12.09	61510	13.36
1998	69357	14.08	803	12.46	70161	14.06
1999	77995	12.45	935	16.44	78931	12.50
2000	87513	12.20	1111	18.82	88624	12.28
2001	98588	12.66	1308	17.73	99896	12.72
2002	111971	13.57	1566	19.72	113537	13.66
2003	129598	15.74	1839	17.43	131437	15.77
2004	150467	16.10	2130	15.82	152597	16.10
2005	173482	15.30	2463	15.63	175945	15.30
2006	197561	13.88	2855	15.92	200416	13.91
2007	224697	13.74	3323	16.39	228019	13.77
2008	256139	13.99	3804	14.47	259943	14.00
2009	297469	16.14	4601	20.95	302070	16.21

年份	一般固定资本存量		研发资本存量		固定资本存量总计	
	数额（亿元）	增速（%）	数额（亿元）	增速（%）	数额（亿元）	增速（%）
2010	344623	15.85	5361	16.52	349984	15.86
2011	392280	13.83	6193	15.52	398473	13.85
2012	438513	11.79	7282	17.58	445795	11.88
2013	486613	10.97	8543	17.32	495156	11.07
2014	532220	9.37	9872	15.56	542092	9.48
2015	573916	7.83	11440	15.88	585356	7.98
2016	621656	8.32	13118	14.67	634774	8.44
2017	676273	8.79	14595	11.26	690868	8.84
2018	738217	9.16	16073	10.13	754290	9.18
2019	800979	8.50	17907	11.41	818886	8.56

资料来源：许永洪、王璐、杜瑶. 中国固定资本存量与研发资本增长效应重估 [J]. 数量经济技术经济研究，2022（11）：179-200.

我们认为生产过程是资本和劳动等诸多要素结合的过程，其他情况不变，同等的资本量被不同数量的劳动力使用，产出会不同。因此，资本效率的大小应该使用人均资本的产出大小来反映，这实际上就衡量了投资效率。换言之，投资效率的高低应该借助于人均资本的产出水平高低来判断。为了更真实地反映我国投资效率，本章按照这一思路计算了我国的投资效率，即利用稳态增长下的人均产出 y 与所需的人均广化资本量 $(n+g+\delta)k$ 的比值 $\dfrac{y}{(n+g+\delta)k}$ 来反映投资效率。

在比值 $\dfrac{y}{(n+g+\delta)k}$ 的计算中，y 是不变价格计算的人均国内生产总值，n 是人口自然增长率。假定资本折旧率为 $\delta=10\%$，龚六堂和谢丹阳（2004）也使用了 10% 折旧率对资本存量进行估算。技术进步率用 TFP 增长率来替代，TFP 增长率计算使用了索洛增长核算方法。按照 C-D 生产函数 $Y=AK^\alpha L^\beta$ 的对数形式 $\ln Y=A+\alpha \ln K+\beta \ln L$ 进行计算。其中，总产出 Y 用支出法国内生产总值数据，K 使用资本形成总额数据，并用价格指数（1978 = 100）折算，L 使用全国就业人数数据，样本数据从 1978~2011 年。使用 EViews 6.0 软件，按照索洛增长方程计算出资本 K 和劳动 L 的系数，然后用各年 GDP 增长率减去资本 K 和劳动 L 各自的增长率乘以系数得出 TFP 增长率。

图 3 - 3 是计算得出的我国 1979~2011 年用来表示投资效率的 $\dfrac{y}{(n+g+\delta)k}$ 值。由计算结果可见，我国 1994 年以来投资效率值有下降的趋势，投资效率值越来越小。因此，仅仅靠加大投资规模和扩大投资数量，通过投资的高速增长来实现经济稳定增长存在很大的不确定性因素，有必要切实提高资本要素生产效率和劳动要素生产效率。

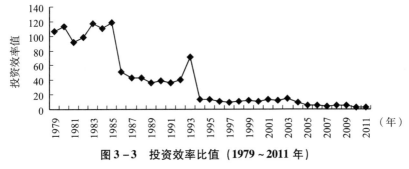

图 3 - 3 投资效率比值（1979~2011 年）

资料来源：中华人民共和国国家统计局，中国统计年鉴［R/OL］，http：//www. stats. gov. cn/sj/ndsj/。

第三节 我国劳动要素生产效率分析：
一个国际比较的视角

一、劳动生产率的国别比较

从 1978 年改革以来我国全员劳动生产率的数据来看，全员劳动生产率呈逐年增加的态势。如图 3 - 4。其中，全员劳动生产率等于当年 GDP 值除以全部就业人数得出，即劳均 GDP。根据国家统计局数据计算 1979～2014 年我国全员劳动生产率增长率如图 3－5 所示。我国全员劳动生产率增长率除了 1991 年为负值，其他年份都是正增长，但增长率上下起伏波动。

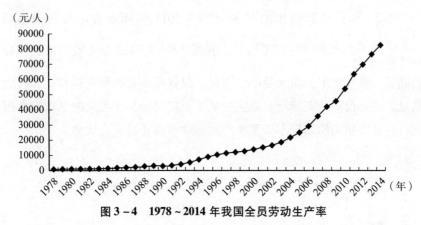

图 3－4　1978～2014 年我国全员劳动生产率

资料来源：中华人民共和国国家统计局，中国统计年鉴［R/OL］. http：//www. stats. gov. cn/sj/ndsj/2014/indexch. htm.

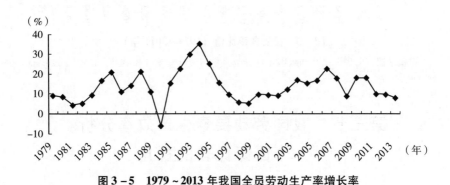

图 3－5　1979～2013 年我国全员劳动生产率增长率

资料来源：中华人民共和国国家统计局，中国统计年鉴［R/OL］，http：//www. stats. gov. cn/sj/ndsj/。

从历史纵向比较，改革开放对中国劳动生产率的提高起到了很大的促进作用，中国劳均 GDP 呈现快速上升趋势，根据世界银行 2011 年《世界发展指标》的报告，中国 2011 年的劳动生产率是 1980 年 8 倍，按照平价购买力计算，2010 年的中国实际劳动生产率也比 1990 年增长 1 倍以上。但与世界其他国家横向比较的结果是，我国劳动生产率仍然不高，表现为较低的劳均 GDP 水平，2012 年，我国劳均 GDP（以购买力平价计算）为 15868 美元，列第 57 位；农业、工业、服务业部门的劳均 GDP（以购买力平价计算）分别为 4263.4 美元、23344.4 美元和 17942.3 美元，分列第 55 位、55 位和 56 位。中国的劳动生产率水平比发达国家要落后数十年，中国科学院曾发布多份报告认为，中国的劳动生产率只相当于美国的 1/12，日本的 1/11。

图 3 - 6 是中国、美国、阿根廷、巴西、日本、韩国、新加坡、中国香港和中国台湾 9 个国家或地区 1960～2011 年间的劳动生产率。数据为以 1990 年美元价格计算的人均劳动生产率（用 Geary Khamis PPP 价格指数进行了转换）。

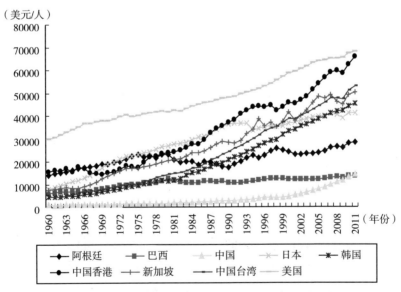

图 3 - 6 1960～2011 年中国等 9 个国家或地区劳动生产率

资料来源：全球调查与企业会员机构美国经济咨商局，https：//www.conference-board. org/data/labormarkets.cfm。

从图 3 - 6 来看，我国的劳动生产率大大低于美国、日本等国家以及中国香港地区，比曾经深陷中等收入陷阱的拉美国家巴西和阿根廷还低，在 2011 年基本赶上巴西的劳动生产率水平。可见，我国劳动生产率还有很大的提升空间和挖掘潜力。

图 3 - 7 是 1950 ~ 2006 年阿根廷、巴西、智利、日本、韩国、新加坡、中国和美国的 GDP 变动图，数据为以 1990 年美元价格计算的总 GDP（并用 Geary Khamis PPP 价格指数进行了转换）。由图 3 - 7 可知，中国在 20 世纪末 GDP 总量就仅次于美国，超过了日本，成为世界第二大经济体。因为我国人口多，社会产出量虽然很大，但人均 GDP 却仍然很低。

如图 3 - 8 所示，1950 ~ 2012 年间我国人均 GDP 低于阿根廷、巴西、智利、日本、韩国、新加坡等各国，在世界各国中人均 GDP 都处于低下水平。从我国 GDP 总量和人均 GDP 水平在与世界各国的比较中，可以清楚我国处在哪个发展阶段上。

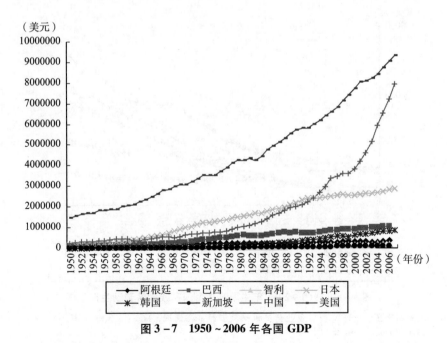

图 3 - 7 1950 ~ 2006 年各国 GDP

资料来源：全球调查与企业会员机构美国经济咨商局，https：//www. conference-board. org/data/labormarkets. cfm。

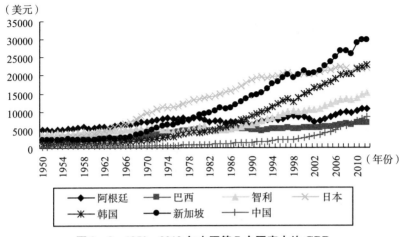

（美元）

图 3 - 8　1950 ~ 2012 年中国等 7 个国家人均 GDP

（1990 年人均国内生产总值以美元计（按吉尔里 - 哈米斯购买力平价换算））

资料来源：全球调查与企业会员机构美国经济咨商局网站，https：//www. conference-board. org/data/labormarkets. cfm。

上述数据显示，20 世纪 50 年代，拉美国家和东亚处在经济发展的同等水平上，部分拉美国家的发展水平甚至明显高于东亚，然而，30 年后在 20 世纪 80 年代，东亚超越了拉美，进入高收入国家行列，但拉美依然在中等收入水平徘徊不前，陷入所谓"中等收入陷阱"。拉美和东亚在社会发展方面的差距也比较明显。国际社会普遍认为，东亚的收入分配比较公平，因此东亚经济的快速增长能使较多的人受益。而一些拉美国家收入分配不公平程度非常严重，处于世界前列。东亚的贫困问题也不及拉美那样严重。

基于对东亚和拉美部分国家的比较，我们认为，人口较少的国家（如韩国）可以主要通过技术创新和发展资本密集型产业来提高社会产出，从而实现人均收入增长并突破中等收入陷阱；而中国这样的人口大国，不能仅仅依赖发展资本密集型产业、技术创新来提高人们收入，这种方式对于提高我国人均收入、突破中等收入陷阱的作用非常有限，而需要大力发展服务型产业和劳动密集型产业，首先保证社会充分就业，通过收入增长的激励来提高劳动者劳动积极性，提高劳动努力程度，从而促进社会经济增长，最终成功跨越中等收入陷阱。

我们还认为巴西长期陷入增长陷阱，关键原因是劳动要素的作用没有被充分发挥，产业选择的失误导致劳动用工失当，收入分配差距过大，劳动工资收入不均衡，影响了劳动者积极性的发挥，整个社会劳动努力程度供给不够，使劳动效率没有得到提高，而陷入增长停滞的状态。另外，拉美国家劳动者的生产惰性也是一个不可忽视的原因。而日本大力缩小收入差距，人们的收入普遍提高激发了劳动者的积极性，劳动努力程度很高，整个劳动效率很高，从而很快进入高收入国家行列。

我国面临的比较严重的问题仍然是收入分配不均，贫富差距过大，工人们的工资和福利水平过低，导致劳动者生产积极性受损。众所周知，现在社会面临着一种"不患寡，患不公"的现象，人们并不是抱怨自己的收入少了，而是对少部分社会群体没有凭借自己的勤苦劳动却获得了超高的收入表示愤恨，产生仇富心理，如果任由这种现象发展下去，劳动者的生产积极性会受到严重挫伤，不利于我国提高劳动生产率，最终有可能陷入中等收入陷阱。

基于上述数据的比较，借鉴国际上在面对中等收入陷阱风险时东亚国家成功跨越的经验和拉美国家的失败教训，可以看出，我国劳动生产率过低是我国可能陷入这一风险面临的主要问题。前文的理论研究也表明，收入分配不均会严重损害劳动的积极性，而劳动者积极性不高，劳动努力程度供给不足，会导致劳动生产率过低，在社会资源整体效率偏低的情况下，即使大力提高劳动者的收入，仍然无法提高劳动生产率，因此这种收入的增长是暂时的，为劳动支付过多的报酬会造成社会或政府沉重的负担，例如拉美民粹主义的劳工立法虽然保障了劳动者的收入权益，可是社会经济并没有实质性的增长。因此，收入差距大只是陷入"中等收入陷阱"国家的一个表象，而劳动生产率低下才是陷入"中等收入陷阱"国家不能跨越陷阱的真实原因。

二、不同计算方法所得劳动生产率数值比较

我国劳动生产率究竟是高还是低，有关这一问题，张金昌（2002）

从劳动生产率的计算方法视角分析了我国劳动生产率高低不同产生的原因。张金昌（2002）指出在不同国家劳动生产率的比较研究中，用"元/人·年"指标计算的我国劳动生产率低于很多其他国家，正如以上统计数据所表明，与发达国家比较我国劳动生产率很低。但是，劳动的投入与产出均使用价值量指标计算得出的我国劳动生产率却高于发达国家。

为了进一步比较两种方法计算结果的异同，本章选择了中国和美国相关数据包括劳动的产出份额、GDP 和就业人员的报酬等数据，计算两国经济中的劳动投入与产出均使用价值量指标计算得出的劳动生产率并加以比较。根据劳动生产率等于劳动产出价值量除以劳动投入价值量，其中劳动产出等于劳动份额乘以国内生产总值得出，而劳动投入使用就业人员的工资总额替代。

1. GDP 中的劳动份额

中国和美国 1990～2011 年间 GDP 中的劳动份额数据见表 3-5。从表 3-5 可以看出，美国历年的劳动份额都高于中国。

表 3-5　　　　　　1990～2011 年中国和美国的劳动份额　　　　单位：%

年份	美国	中国	年份	美国	中国
1990	63.75	52.29	2001	63.30	49.74
1991	63.93	54.54	2002	62.47	48.66
1992	63.55	52.53	2003	62.53	47.36
1993	63.22	54.15	2004	61.64	46.60
1994	62.59	54.34	2005	61.03	45.12
1995	62.52	54.65	2006	60.89	43.57
1996	61.79	54.63	2007	60.88	42.02
1997	61.62	54.14	2008	61.25	42.15
1998	62.63	53.22	2009	60.64	41.89
1999	62.54	52.05	2010	59.70	41.89
2000	63.39	50.73	2011	59.76	41.89

资料来源：全球调查与企业会员机构美国经济咨商局网站，https：//www. conference-board. org/data/labormarkets. cfm。

本章还使用增长核算方程，利用样本量更多的我国 1952～2007 年相关数据，计算我国劳动的产出份额。利用柯布－道格拉斯生产函数，即公式（3-1）：

$$Y = AK^{\alpha}L^{\beta} \qquad\qquad (3-1)$$

来估算劳动的产出弹性，式（3-1）中 Y 为国内生产总值（GDP），K 是资本，用历年固定资本存量来表示，L 是劳动，用历年的就业人数表示。α 和 β 分别是资本和劳动的产出弹性，代表各自对 GDP 的贡献份额。这里需要估计的生产函数形式为式（3-2）：

$$\ln Y = \ln A + \alpha \ln K + \beta \ln L \qquad\qquad (3-2)$$

上述 GDP、K 和 L 的数据使用了 1952～2007 年间我国的国内生产总值、固定资本存量和就业人数等数据，其中 GDP 数据使用了 GDP 折算指数（1978 = 100）进行了折算，固定资本存量数据参照王小鲁等（2009）的数据和处理方法，即固定资本存量是根据国家统计局过去 50 多年的全社会固定资产投资数据，用永续盘存法计算，使用了固定资产投资价格指数作为折算指数。GDP、就业人数和全社会固定资产投资等原始数据来源于历年统计年鉴和《新中国六十年统计资料汇编》。

首先对各序列单位根检验，结果说明序列都平稳，因此可以进行回归。从计量检验的结果来看，回归的各项检验值指标均相当不错[1]，系数的 t 检验值都较大，各个变量的系数都在 1% 的置信水平上显著；判定系数与经过调整后的判定系数均达到 0.98 以上，说明拟合优；而且 F 检验值与 DW 检验值的结果也都符合要求。计量结果中资本 K 的系数 α 为 0.674，劳动 L 的系数 β 为 0.769。由各检验值指标来看，这一计量结果可用。由资本和劳动的产出弹性 α 和 β 的值可以计算，当 GDP 增长 1% 时，其中 46.71% 的增长部分由资本 K 贡献，劳动 L 的增长贡献即劳动的产出份额为 53.29%，这一数值比较接近表 3-5 所列我国劳动份额数据的平均值 49%。本章计算的这一劳动产出份额与常进雄和王丹枫（2011）所计算的劳动份额为 56.07% 的结果也相当接近。常进雄

---

① 限于篇幅，计量的详细结果没有在文中列出。

和王丹枫（2011）利用1998～2009年我国A股上市公司的数据运用生产函数法估计了劳动对产出的贡献，其中劳动贡献份额达到56.07%。

2. 劳动生产率的计算结果比较

按照上文的劳动生产率等于劳动产出价值量除以劳动投入价值量，使用相关数据首先对我国的劳动生产率进行计算。其中劳动投入使用全部就业人员的工资收入来表示，由于工资收入的可获得性，选择了1970～2011年工资收入数据，具体数据来源《中国统计年鉴》。劳动产出等于劳动的产出份额乘以历年的GDP数值得出，其中，由于1970～1990年数据的缺失，1970～1990年劳动产出份额数据使用了本章计算得出的53.29%。因此1970～2011年我国劳动效率值可以计算得出，如表3–6所示。

表3–6 我国1970～2011年劳动生产率（劳动产出与劳动投入价值量之比）

年份	劳动效率	年份	劳动效率
1970	3.6	1985	3.47
1971	3.57	1986	3.3
1972	3.29	1987	3.42
1973	3.39	1988	3.46
1974	3.38	1989	3.46
1975	3.46	1990	3.37
1976	3.23	1991	3.49
1977	3.33	1992	3.64
1978	3.41	1993	3.83
1979	3.35	1994	3.86
1980	3.14	1995	4.02
1981	3.18	1996	4.23
1982	3.22	1997	4.38
1983	3.4	1998	4.71
1984	3.39	1999	4.71

续表

年份	劳动效率	年份	劳动效率
2000	4.83	2006	4.75
2001	4.79	2007	4.81
2002	4.70	2008	4.75
2003	4.72	2009	4.81
2004	4.84	2010	3.56
2005	4.78	2011	3.30

资料来源：中华人民共和国国家统计局，中国统计年鉴［R/OL］，http：//www. stats. gov. cn/sj/ndsj/。

我国劳动力工资成本的低廉曾经是举世公认的，我国也一度成为产品数量庞大的"世界工厂"。从这一现实情况也可判断我国的劳动产出除以我国的劳动投入或工资收入的值肯定会在世界各国中居于一个较高水平。为了证明这一判断，按照上述劳动生产率计算方法，选择美国相关数据计算了美国的劳动生产率。美国 GDP（收入法）数据和收入法 GDP 栏目下的职工报酬（compensation of employees）数据均来自 OECD 网，劳动的产出份额（share in GDP of labor）数据见表 3 - 5，样本数据期间为 1990～2011 年。美国的劳动产出可用劳动的产出份额乘以 GDP 数据得出，劳动投入即职工报酬。利用美国的劳动产出除以劳动投入得出劳动生产率数据，具体见表 3 - 7。从表 3 - 5 可以看出，1990～2011 年间美国的劳动份额数据都高于我国的劳动份额。但表 3 - 7 显示，美国的劳动生产率低于我国的劳动生产率。从两个国家劳动产出和劳动投入整体比较的结果看，显然中国使用了较少的劳动投入实现了较多的劳动产出，这个事实是非常明显的。虽然我国的市场管理方法相对于发达国家的美国依然存在一定差距，但我国劳动者勤奋耐劳的个性品质为管理者激发劳动潜能、挖掘劳动效率，提供了更为有利的条件。

表 3 - 7　　　　　中国和美国 1990 ~ 2011 年劳动生产率数据比较　　　　单位：%

年份	美国	中国	年份	美国	中国
1990	1.22	3.37	2001	1.22	4.79
1991	1.22	3.49	2002	1.22	4.70
1992	1.22	3.64	2003	1.21	4.72
1993	1.22	3.64	2004	1.22	4.84
1994	1.22	3.86	2005	1.22	4.78
1995	1.22	4.02	2006	1.22	4.75
1996	1.22	4.23	2007	1.22	4.81
1997	1.22	4.38	2008	1.21	4.75
1998	1.21	4.71	2009	1.22	4.81
1999	1.22	4.71	2010	1.21	3.56
2000	1.21	4.83	2011	1.22	3.30

资料来源：经济合作与发展组织网站，https://stats.oecd.org/。

三、影响中国劳动生产率的人口因素分析

巴里. 诺顿（2010）指出中国根本无法摆脱的事实是资源环境有限而人口压力巨大，同时中国拥有大量心灵手巧和勤劳智慧的人力资源。

有研究发现 1990 年以来日本和澳大利亚的人口结构与储蓄率关系发现，在预期人口老龄化前有一个年轻人口结构时期，在此时期储蓄率不断上涨（Ross Guest and Ian McDonald，2001）。布卢姆（Bloom et al.，2002）对 "人口红利" 的定义有更进一步的认识，认为 "人口红利" 是由人口年龄结构变动引起的生产与消费在时间上的差异分布所形成的。人口红利实质上就是指生产性人口比重较高的人口结构，人口红利曾经是中国近年来推动经济高速增长的一个非常重要的因素。在驱动中国经济长期增长的生产要素中，人口的贡献显然是不可或缺的。中国是

世界上人口数量最多的国家之一。2023 年人口普查的 14.1 亿人口，是中国最重要的资源禀赋，也是中国经济快速发展的最重要动力之一。庞大的劳动人口减少了中国社会的抚养负担，同时为经济发展输送了大量生力军，因此构成了所谓的"人口红利"。然而，国家统计局数据显示，2011 年中国 15~64 岁劳动年龄人口开始下降，比重为 74.4%，比 2010 年下降 0.10 个百分点，经过十多年的变化，现在我国人口结构已经进入深度老龄化阶段。在有关人口对于经济增长的影响方面，李（Lee，1994）认为，国家与居民为应对人口老龄化将加快社会资本积累，进而提高人均资本密度，促进资本密集型产业发展，提高人均产出，这就是第二次人口红利。巴罗（Barro，2004）则认为，过高的人口增长率会阻碍经济发展，较高的人力资本则会促进经济发展。

中国经济的高速增长受益于我国的"人口红利"是一个典型事实，但随着可利用资源的耗费，人口结构的变化，生产过程中用工成本的上升，这一逐渐消失的"人口红利"可能会把数量庞大的人口变成一种负担。然而，我国庞大的人口数量在我国长期增长中为社会生产提供了足够的劳动力，虽然代表人口红利的劳动人口比重下降，但如果能够通过有效管理提高每一个劳动力的劳动效率，这个巨大的人口数量依然可以变成经济增长中的一个优势，而不是人口负担。未来我国在资源瓶颈制约下，劳动效率的提高将会成为我国增长方式转换的一个突破口。因为劳动效率的提高不仅可以强化劳动资源的数量优势，还可以提高雇佣劳动的资本的回报率即利润率，高利润率会加速经济社会中的储蓄转化为投资，从而优化社会资源的配置，最终促进经济健康快速发展。因此，有必要讨论我国人口因素对于劳动生产率的影响。

从表 3-8 可以看出，根据七次全国人口普查的相关数据总体来看，我国的劳动参与率在新中国成立以来有了较大的提升，但是自 1990 年代以来，虽然我国经济活动人口和劳动年龄人口的数量持续上升，但劳动参与率却呈现明显的下降趋势。

表3－8   七次全国人口普查人口基本情况

指标	1953 年	1964 年	1982 年	1990 年	2000 年	2010 年	2020 年
总人口（万人）	58260	69458	100818	113368	126583	133972	141178
各年龄组人口比重（%）							
0～14 岁	36.28	40.69	33.59	27.69	22.89	16.60	17.95
15～64 岁	59.31	55.75	61.50	66.74	70.15	74.53	68.55
65 岁及以上	4.41	3.56	4.91	5.57	6.96	8.87	13.5
少儿抚养比（%）	61.2	73.0	54.6	41.5	32.6	22.3	26.2
老年抚养比（%）	7.4	6.4	8.0	8.3	9.9	11.9	19.7
总抚养比（%）	68.8	68.6	62.6	49.8	42.6	34.2	45.9

资料来源：中华人民共和国国家统计局，2013 中国统计年鉴［R/OL］. https：//www. stats. gov. cn/sj/ndsj/2013/tdexch. hom；中华人民共和国国家统计局，第七次全国人口普查， https：//www. gov. cn/zt_18555/zdtjgz/zgrkpc/dqorkpc/.

图3－9 和图3－10 表明，中国的人口转变总体上大致经历了四个阶段和一个特殊时期。

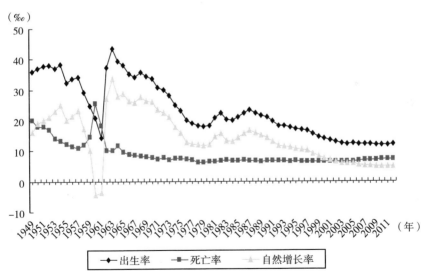

图3－9 1949～2011 年我国出生率、死亡率和自然增长率的变化过程

资料来源：中华人民共和国国家统计局历年的《中国统计年鉴》。

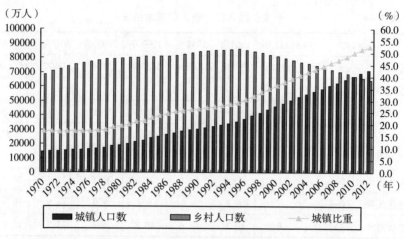

图 3 - 10   1970~2012 年我国城乡人数总量变化及城镇化发展过程

资料来源：中华人民共和国国家统计局历年《中国统计年鉴》。

第一阶段：1949~1957 年是死亡率大幅度下降带来的高自然增长阶段，总死亡率由 1949 年的 20‰降低到 1957 年的 10.8‰，而出生率在此期间基本保持在 35‰以上的高水平，这一时期成为新中国成立以来第一次人口出生和增长高峰阶段。而在城乡人口比重方面，我国城镇人口从 1949 年的 5765 万人上升到 1957 年的 9949 万人，城镇比重从1949 年的 10.6% 提高到 1957 年的 15.4%。

特殊时期：1958~1962 年上半年是人口低增长时期。在三年困难时期，特别是 1960 年甚至出现了人口的负增长，此时人口出生率下降到 20.86‰，死亡率上升到 25.43‰，从而导致自然增长率呈现 - 4.57‰的低水平。而在这段时间城镇人口也从 1957 年的 9949 万人增长到 1962 年的 11659 万人，1962 年城镇比重增长到 17.3%。

第二阶段：1962~1972 年是以出生率提高拉动的第二次高增长阶段。在此期间强烈的补偿性生育使人口出生率迅速回升，1963 年出生率最高达到 43.6‰，平均水平也在 36.8‰，人口死亡率重新下降到10‰以下，从而形成了我国历史上第二次人口出生高峰和增长高峰。在这一时期，城镇比重呈现先增长后下降的趋势，先从 1962 年的 17.3%

增长到 1964 年的 18.3%，接着又下降到 1972 年的 17.1%。

第三阶段：1972～1991 年是生育率快速下降并进入调整的阶段。20 世纪 70 年代初，国家大力控制人口增长，切实加强了计划生育工作和政策的执行并取得显著的成绩。妇女总和生育率由 1971 年的 5.44 迅速下降到 1978 年的 2.72，出生率由 1971 年的 30.65‰下降到 1991 年的 19.68‰。总的看，我国年平均出生率下降到 19.74‰，死亡率下降到 6.68‰，自然增长率下降到 13.06‰，可以看作是由"高低高"向"低低低"的过渡阶段。另外，中国农村剩余劳动力的转移，正是始于 20 世纪 80 年代初的农村改革，以及随后各种阻碍劳动力流动的制度障碍的逐渐清除，在此期间城镇人口比重由 1972 年的 17.1% 增长到 1991 年的 26.9%。

第四阶段：1992 年之后总和生育率快速下降到更替水平以下，从 20 世纪末开始生育水平一直稳定在 1.6～1.8，出生率已经降低到 15‰以下，死亡率下降到 6‰，自然增长率下降到 10‰以内，这表明我国的人口再生产类型已经跨入低出生、低死亡、低增长的阶段。而在城镇化方面，城镇比重更是从 1992 年的 27.5% 增长到 2012 年的 52.6%。农村剩余劳动力经历了从乡镇企业到小城镇，再到所有城市，转移规模不断扩大，就业日趋稳定。但是，这一阶段曾经产生的"民工荒"问题，是劳动力市场变化的一个征兆。

从图 3-11 中我们可以看出，在全国就业人口数逐年增加的同时，1990 年是一个显著的转折点，1990 年前城镇和农村就业人口基本保持平稳缓慢增长，而 1990 年后农村就业人员明显开始减少，城镇就业人员显著增加，特别是 1992 年邓小平同志南方谈话后，促进了各地以解放思想为契机，使经济得到了很大的发展，国内生产总值（GDP）年均增长 14%，农业劳动力流动开始打破停滞阶段的局面，出现加速的势头。在这期间，平均每年增长劳动力流动人口 1160 万人，年平均增长率约 10%。而在 2000 年以来，国家农村劳动力就业政策发生了更积极的变化，《中华人民共和国国民经济和社会发展第十个五年计划纲要》中提出了逐步实现城乡劳动力市场一体化，还提出打破城乡分割体制，逐步建立市场经济体制下的新型城乡关系，这也进一步加快了农村剩余劳动力资源向城镇流动。2005 年中央一号文件又指出，要扩大"农村劳动力流动培训阳光工程"的实施规模，建立新型城乡关系，逐步形成城乡统一的劳动力市场，建立城乡劳动者平等的就业制度。这些积极的鼓励性政策措施的出台与实施使我国农村剩余劳动力的流动向着有序化、组织化、制度化方向的轨道发展。根据 2010 年第六次全国人口普查结果表明，居住地与户口所在地不一致且离开户口所在地半年以上的人口为 26139 万人，同 2000 年的全国人口普查结果相比，居住地与户口登记所在地不一致且离开户口登记地半年以上的人口增加了 11700 万人，同比增长了 81.03%。

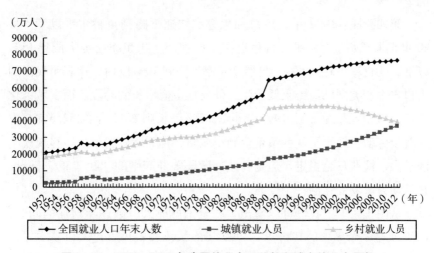

图 3 – 11　1952 ~ 2012 年我国就业人口总数和城乡就业人员数

资料来源：中华人民共和国国家统计局《2013 中国统计年鉴》。

　　虽然我国农村剩余劳动力的转移取得了相当的成就，但我国依然存在着限制城乡劳动力流动的诸多制度性障碍，它们切断了劳动力和经济机会的结合，提高了农村剩余劳动力流动的成本，从而影响了人口红利的兑现。只有逐步废除这些障碍，促进劳动力流动，才能进一步提高劳动力配置效率，从而充分利用我国的人口优势；并且在促进农村劳动力流动的同时，更应推动城镇与农村劳动力的循环流动，这样才能提高农村劳动者的素质和生产技术水平，更好配置劳动力资源。由此我们可以得出，合理的劳动力流动以及有效的劳动力配置制度是发挥人口优势的保障。

我国是世界上劳动力资源最丰富的国家，2000年中国总人口占世界的20.8%，劳动年龄人口则占世界的23.1%，其数量比所有发达国家的总和还要多1/10。我国的劳动年龄人口经历了快速增长到缓慢增长的转变。根据图3-12，我们可以看到我国不同时期劳动年龄结构的变化趋势，从中我们发现，2000年我国劳动年龄人口总量为88910万人，接近总人口的70%；2005年则增长到94197万人，占总人口的比重达到72%；2010年更是增长到了99938万人，占总人口的比重达到74.5%。计算得出，我国劳动年龄人口总量在1990~2000年平均每年增长1.39%；2000年以后则平均每年增长1.27%；并且所占比重从2005年开始进入稳定期，2010年以后则开始缓慢下降。国家统计局在2013年1月18日公布数据显示，2012年我国15~59岁劳动年龄人口

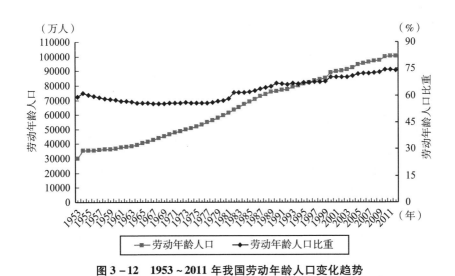

图3-12　1953~2011年我国劳动年龄人口变化趋势

资料来源：1953~1989年的数据来自"世界人口展望：2004年修订版：The 2004 Revision"；1990年以后的数据来自中华人民共和国国家统计局《2013中国统计年鉴》。

9.3727 亿人，比上年减少 345 万人，占总人口的比重为 69.2%，比上年末下降 0.60 个百分点。自 2012 年起，我国劳动年龄人口逐年减少，2010 年劳动年龄人口为 9.2 亿人，到 2022 年末劳动年龄人口减少到 8.8 亿人；与此同时，人口抚养比相应上升。根据人口红利的概念我们可以看出，生之者寡，食之者众，中国的人口红利将趋于消失。

虽然我国劳动年龄人口比重从 2010 年的 74.5% 下降到 2012 年的 74.1%，但从整体来看，我国规模庞大的劳动年龄人口总量在很长时间内是不可能出现很大改变的，庞大的劳动力资源和新增就业人口对于中国的经济发展犹如一把双刃剑，人口红利曾经是经济增长的一大动力，但如果丰富的劳动力资源未得到充分利用，随着人口老龄化的增强，能够投入到市场的劳动力数量也越来越少，在社会经济的快速发展需要越来越多的劳动力的情况下，社会也将承受巨大的劳动力需求与就业压力并存的局面。甚至于劳动力年龄结构的"老化"及劳动年龄人口的减少将削弱我国经济竞争力，影响到经济可持续发展。2020 年第七次全国人口普查数据显示，老年人口抚养比显著上升为 19.7%，截至 2022 年底，全国 60 周岁及以上老年人口超过 2.8 亿，占总人口近 20%。巨大的就业压力和劳动力需求是中国经济社会发展长期面临的突出矛盾，这意味着大量人口实际上未能有效参与生产，而同时有些行业却紧缺劳动力，可见劳动力供求总量矛盾和结构性矛盾同时并存。

劳动力素质的影响。劳动力素质或人力资本禀赋也在某种程度上限制了就业机会的获得从而影响人力资源的利用。在当今社会，财富的创造不仅仅依赖于人口数量，更多的在于人口质量，即人力资本状况。我国人口素质偏低严重制约了人口红利的实现，特别是广大农村人口的质量不容乐观，农村劳动力普遍的文化程度较低，近年来沿海地区企业结构性失业和职位空缺并存的现象就是农民工文化水平和技术素质较低的最好例证。人口健康素质、科学文化素质和道德素质亟待提高。

从一般的教育水平看，城乡劳动力素质仍然处于较低的水平，根据表 3-9 可知，虽然我国文盲率从 1964 年的 33.58% 下降到 2010 年的 4.08%，初中以上学历的人数在逐渐增加，取得了很大进步，但初中及以下的劳动力比重仍然占据很大比例；从劳动技能掌握来看，2002 年国家统计局抽样调查结果中农村劳动力中近 80% 的劳动力没有特别劳动技能，掌握了工业、建筑业和服务业的技能的占 14%，掌握驾驶技术的 2.8%，掌握农业技术的 3.2%；从职业要求来看，劳动力市场上的需求结构与供给结构十分不平衡，因而无法适应产业结构调整对劳动力素质的要求。

表 3－9　　　1962～2020 年六次全国人口普查的劳动力素质情况

指标		1964 年	1982 年	1990 年	2000 年	2010 年	2020 年
每十万人拥有的各种受教育程度人口（人）	大专及以上	416	615	1422	3611	8930	15467
	高中和中专	1319	6779	8039	11146	14032	15088
	初中	4680	17892	23344	33961	38788	34507
	小学	28330	62003	37057	35701	26779	24767
文盲人口（万人）及文盲率（%）	文盲人口	23327	22996	18003	8507	5466	3775
	文盲率	33.58	22.81	15.88	6.72	4.08	2.67

注：由于 1953 年的相关数据没有查到，因此只列出其他六次全国人口普查数据。
资料来源：中华人民共和国国家统计局人口和就业统计司，中国人口和就业统计年鉴—2021 [M]. 北京：中国统计出版社，2021.

　　提高人力资本存量无疑可以改进劳动生产率水平，促进经济增长。而受教育年限是计量人力资本存量较为直观的数量指标。在我国经济发展的较低阶段，普及义务教育对于提高社会受教育年限效果显著。然而，一旦义务教育得以实施，普及率接近 100%，继续增加受教育年限就有赖于更高教育阶段的普及。教育部统计数据表明，2009 年小学毛入学率为 105%，初中为 99%，高中为 79%，高等教育为 24%。[①] 未来我国要提高受教育年限需要大幅度提高高中和大学的入学率，教育发展正在不断改善新成长劳动者的人力资本存量。中国的实际情况在于年龄

---

① 资料来源：教育部官方网站，http://www.moe.edu.cn/publicfiles/business/htmlfiles/moe/s4959/201012/113470/html。

偏大的劳动者受教育程度较低，并且年龄越大受教育程度越低。在劳动年龄人口中，40 岁人口的平均受教育年限比 24 岁人口降低 1.12 年，50 岁人口比 40 岁人口降低 1.11 年，而 60 岁人口比 50 岁人口降低 1.44 年。较低的人力资本存量，使得年龄偏大的劳动者会随着产业结构升级而日益不能适应劳动力市场的技能要求，成为就业困难群体。而农民工和城镇困难就业人员往往集中在非正规就业领域，他们就业的不稳定性加大了在职提高劳动技能的难度。提高劳动者素质需要长期的人力资本投入积累，而通过合理的制度安排加强培训，提高现有劳动力的受教育水平和技能，可以带来劳动生产率的提高。

第四节　本 章 小 结

从以上我国劳动力变动的历史过程来看，改革开放初期，巨大的劳动人口数量和不断可以转移的农业劳动生产力，作为一种闲置的资源，为高速增长的投资提供了投资产生乘数作用的条件，增加投资可以使 GDP 产生倍增的变化，这也是改革以来多年我国保持投资高增长的直接原因。随着人口结构的转变，劳动力人口所占比例的下降，经济发展过程对劳动力的充分利用，我国很多地方甚至出现了技工荒和民工荒等现象，使投资乘数发生作用的资源闲置条件不再存在，投资简单的数量扩张无法实现经济总量的乘数倍增作用，资本的边际报酬递减趋势日益显著。因此，从要素生产效率驱动经济增长的角度来看，必须加大对劳动力使用的重视。我国人口多，人力资本存量不高，劳动者的劳动技能水平不高，对劳动过程的管理存在很多不足，经济结构包括产业结构、城乡结构和区域结构不合理，使我国劳动生产率水平落后于世界很多国家。

通过对比拉美国家和东亚国家的发展经验，结合我国的劳动生产率现状，我国眼前面临着跨越中等收入陷阱的重要任务。其实，中等收入陷阱就是因为人们的收入已经达到一定高度，因为对现有生活状态的满足在不能大幅度提高收入的前提下，人们劳动的积极性无法发挥，从而陷入生产效率长期停滞不前的状态。由此可见，只有通过劳动生产率的提高来实现对中等收入陷阱的跨越。然而，如果我国的劳动生产率增长停滞不前，增长速度过低，很有可能使我国陷入中等收入增长陷阱。面对这种潜在风险，我国具备的条件和优势就是众多的人口资源，虽然人口结构正在发生变化，单纯依靠劳动力人口比重增长形成的人口红利已经不再存在，但我国劳动人民具有勤劳传统，拥有大量心灵手巧和勤劳智慧的人力资源，只要通过合适的激励，很容易提高劳动生产率。相比拉美国家来说，这是我国跨越中等收入陷阱所独具的条件。如果我国劳动者生产效率能够得到充分提高，我国人口数量多就成了能够充分利用的有利条件。

第四章

要素生产率增长的制约因素：经济增长势能理论模型与实证分析

　　上一章分析表明，我国要素生产率，包括资本、劳动生产率，在世界各国中处于比较低的水平，但使用价值量计算得出的劳动产出与劳动投入比值却高于美国。很多研究表明劳动生产率低与收入分配不平等、产业结构不合理、人力资本存量过低和劳动者素质不高，以及科技发展水平低下、组织管理方式落后等因素紧密相关。我国劳动者具有勤劳美德，劳动群众具有通过奋斗改善生活的强烈愿望，使得我国依托丰富的劳动力资源，成为全球最大的制造中心。但随着中国制造业的日益庞大，土地、水、能源和空气质量等资源禀赋被过度使用，社会总需求的各个构成部分的增加都无法实现乘数效应所带来的倍增变化，经济增长进入结构性减速阶段。然而，经济增长或收入增长一定意义上就像运动的物体由低向高处变动一样，同样遵循动能和势能的转化规律，特别是对于具有主观能动性的劳动力而言，经济增长势能更能解释随着收入增长过程，部分所有者变得更加富有，而其他人变得相对贫穷，这种相对收入状态的改变会导致原来可能目标一致的群体出现有差异的行为和动机，最终导致部分劳动者积极性受影响而影响劳动、资本等要素生产率的整体提高。因此，一定意义上，经济增长势能理论可以解释劳动生产率增长不快的原因。基于此，本章从经济增长势能的视角分析阻碍要素生产率增长的原因，在此基础上探索提升要素生产率的途径，以要素生产率提升为重点推进供给侧结构性改革，切实应对结构性原因所致的经济增长减速，实现经济高质量发展的目标。

第一节　劳动生产率增长的制约因素分析：经济增长势能模型

　　本章把势能理论应用到个人收入增长中，利用收入势能来解释收入变化对于个体行为的影响。势能（potential energy）是指物体由于具有做功的形势而具有的能，是储存于一个系统内的能量，可以释放或者转化为其他形式的能量。其本质是由于各物体间存在相互作用而具有的、由各物体间相对位置决定的能量，又可称作位能。势能不是属于单独物体所具有的，而是相互作用的物体所共有的。最小势能原理就是说当一个体系的势能最小时，系统会处于稳定平衡状态。可以想象对于一个指定的研究区域，总有我们期望其达到的状态。假设这种状态对应一个势能参量，当发生随机干扰时，由于状态的改变，势能参量也会变化，但最终还是要回到期望状态。如果将期望状态对应的势能参量定义为零，则满足最小势能原理。

　　我们将消费者个体的收入视为一个刚体，对单个个体来说，其收入增长按照物理学的能量理论，具有动能和势能。我们可以想象，如果个人收入增长的速度较快，其具有的动能较大，同时个人收入偏离正常期望运行水平的概率会增大。对于任意两个个体而言，如果起初的收入差距越小，则个体行为方式和工作积极性等相对较为接近，可以视为两人之间的吸引势能越大。如果以每个人收入增长所期望的运行状态对应的势能为参考值0，借用增长加速度干扰的基本原理可以得出，当收入增长流的势能和趋于0时，收入增长越稳定，个体行为方式和工作积极性的边际差异越小，群体工作协调性系数越高。

　　个人收入在某基期收入水平以上，如果没有外力的向上作用，个人收入水平会回落到原始水平，假设导致个体收入自由下落的原因是个体收入刚体的收入量 r，第 i 个体收入与最邻近的另一个体收入的差距为

h_i，第 i 个体收入的增速为 v_i，个体收入之间的弹性势能的弹性系数为 k，引力常数为 G，产生引力场个体收入刚体的收入总量为 R，则：

个体收入增长流中收入个体具有的动能为式（4-1）：

$$E_p^i = \frac{1}{2}rv_i^2 \qquad\qquad (4-1)$$

个体收入与个体收入增长流中相邻收入个体之间所具有的弹性势能为式（4-2）：

$$E_c^i = \frac{1}{2}kh_i^2 \qquad\qquad (4-2)$$

个体收入与个体收入增长流中相邻收入个体之间所具有的引力势能为式（4-3）：

$$E_r^i = GRr/h_i^2 \qquad\qquad (4-3)$$

由于动能和势能在一定条件下能够互相转化，而且个体收入增长速度对个体收入变化影响比较大，这里将个体收入变化的动能全部转化为运动势能。假设个体收入增长流为单向单一线路，个体收入增长变化主要受相邻前面个体收入状态的影响，则个体收入变化流中的任一个体收入的假设势能和（以收入向上方向为+）为式（4-4）：

$$E_i = \frac{1}{2}rv_i^2 - \frac{1}{2}kh_i^2 + GRr/h_i^2 \qquad\qquad (4-4)$$

在这个收入增长势能和公式中，式（4-1）所表示的运动势能大小主要受基期原始财富和收入增长速度因素影响，式（4-2）所表示的弹性势能主要受个体之间收入差距和弹性系数影响，式（4-3）所表示的引力势能主要受两个个体收入总量趋同趋势影响。由式（4-4）表示的势能和公式可以直观地看出，收入增长势能随着收入增长速度、个体收入总量及它们之间的趋同趋势不断增大，同时由于收入差距扩大形成的弹性势能抵消了运动势能和引力势能。

本章将引起个体收入变动流中个体收入间所具有的由于个体收入间距和增长速度使个体感受到的收入变动影响的群体工作协调性系数定义为个体收入微观增长势能，其表达式借用假设势能和表达式，可以将个体收入微观增长势能写为式（4-5）：

$$E_i = \alpha v_i^2 + \beta h_i^2 + \gamma \frac{1}{h_i^2} \tag{4-5}$$

式（4-5）中，α、β、γ 为系数；h_i 为个体之间收入差距。

在上述概念基础上拓展构建个体收入增长流宏观分析势能模型。一般来讲，不存在随机干扰情况时，收入增长流假定是一个相对稳定的自由变动流，可以将收入变动过程中收入增长的平均增长速度和平均收入之间差距对应的收入增长势能定义为标准个体收入微观增长势能，即式（4-6）：

$$\bar{E} = \alpha V_E^2 + \beta \bar{h}^2 + \gamma \frac{1}{\bar{h}^2} \tag{4-6}$$

式（4-6）中，V_E 为期望个体收入增长速度；$\bar{h}$ 为个体收入之间平均差距。如果定义每个个体收入的相对势能为 $E_i' = E_i - \bar{E}$，则通常情况下的个体收入增长流相对收入增长势能和应满足式（4-7）：

$$E = \sum_i E_i' = \sum_i^n E_i - n\bar{E} \tag{4-7}$$

对于某时间段内个体收入增长稳定变动流而言，按照统计学基本原理有 $\bar{V} = \frac{1}{n} \sum_{i=1}^{n} V_i$，代入 $\bar{E}$ 的表达式中，可以得到个体收入增长流相对收入变动势能和，即式（4-8）：

$$E = \sum_{i=1}^{n} \left[\alpha(V_i^2 - V_E^2) + \beta(h_i^2 - \bar{h}^2) + \gamma\left(\frac{1}{h_i^2} - \frac{1}{\bar{h}^2}\right) \right] \tag{4-8}$$

对于某个特定时间段，设个体收入增长速度 V_i 的期望为 $\bar{V}$，方差为 σ_1^2，个体收入之间差距的期望为 $\bar{h}$，方差为 σ_2^2，其倒数的方差为 σ_3^2，个体样本数 q 即为 n，则一般情况下的个体收入增长流相对收入变动势能和应为式（4-9）：

$$E = (\alpha\sigma_1^2 + \beta\sigma_2^2 + \gamma\sigma_3^2)q \tag{4-9}$$

理想情况下，个体收入增长速度分布与个体收入之间差距分布均衡，个体收入增长流相对收入变化势能和为 0，与以上的分析一致。

当随机干扰发生时，将单个个体收入增长的微观势能与标准个体收入增长势能的差值即相对势能定义为个体收入增长随机干扰，则个体收入增长流随机干扰势能模型为式（4 - 10）：

$$f_i(t) = E_i(t) - \bar{E} = \alpha\left[v_i^2(t) - V_E^2\right] + \beta\left[h_i^2(t) - \bar{h}^2\right] + \gamma\left[\frac{1}{h_i^2(t)} - \frac{1}{\bar{h}^2}\right]$$

$$(4 - 10)$$

式（4 - 10）中各参数含义和前面一致。

考虑到随机干扰因素的影响，则个体收入增长流微观分析模型可得式（4 - 11）：

$$\frac{dV_i(t+T)}{dt} = c_1 f_1\left[v_{i-1}(t) - V_i(t)\right] + c_2 f_2\left\{X_{i-1}(t) - X_i(t) - D[V_i(t)]\right\}$$

$$+ c_3\left[2\alpha V_i(t)\frac{dV_i(t)}{dt} + 2\beta h_i(t)\frac{dV_i(t)}{dt} - \gamma\frac{2}{h_i^3(t)}\frac{dh_i^3(t)}{dt}\right]$$

$$(4 - 11)$$

则宏观模型为式（4 - 12）：

$$a = \frac{du}{dt} - \frac{df}{dt} = \frac{\partial u}{\partial t} + \frac{\partial u}{\partial x}\frac{dx}{dt} - V_0\left[2\alpha u\frac{\partial u}{\partial t} + 2\left(\beta h - \frac{\gamma}{h^3}\right)\frac{\partial h}{\partial t}\right] \quad (4 - 12)$$

在上文所建立的模型中，需要标定的参数为 α、β、γ。首先，理想情况下，收入增长速度和个体收入间差距分布均衡，个体收入增长流相对收入增长势能和为 0。一般而言，收入增长流的理想情况可以理解为个体收入符合泊松分布、收入增长速度期望值为拟定增长速度的稳定收入增长流。如果收入分配符合泊松分布，则个体收入之间差距符合负指数分布，其倒数亦符合负指数分布，进行相应换算后，部分统计参数相等。如果此时的相对收入增长势能和为 0，则满足式（4 - 13）：

$$\alpha\lambda_1^2 + \beta\lambda_2^2 + \gamma\lambda_2^2 = 0 \quad\quad (4 - 13)$$

式（4 - 13）中 λ_1、λ_2 为理想情况下的收入增长速度和收入之间差距分布参数。

根据随机干扰微观模型的收入增长流达到稳定状态后，各时期内的收入分布密度和速度将不再随时间发生变化，如果稳态情况下收入平均速度和密度存在函数关系，则稳态下所有个体收入增长加速度的平均值为 0。因此有式（4 - 14）：

$$\frac{\mathrm{d}V_i(t+T)}{\mathrm{d}t} = \frac{1}{n}\sum_{i=1}^{n}\frac{\mathrm{d}V_i(t+T)}{\mathrm{d}t} = 0 \qquad (4-14)$$

设收入分布密度为 K_j，最大个体数量为 Q_r，根据 $V = 0$ 时，$Q = KV$ 流量的最大值为 Q_r，则有式（4-15）：

$$\alpha\frac{4Q_r}{K_j} + \beta\frac{4}{K_j} - \gamma\frac{K_j^3}{4} = 0 \qquad (4-15)$$

对于某个特定时间段，其标准个体收入增长势能 $\bar{E}$ 是一个确定值，即有式（4-16）：

$$\bar{E} = \alpha\frac{4Q_r^2}{K_j^2} + \beta\frac{1}{K_j^2} + \gamma K_j^2 \qquad (4-16)$$

根据式（4-13）、式（4-15）和式（4-16），可解得参数 α、β、γ，如式（4-17）、式（4-18）和式（4-19）所示：

$$\alpha = \frac{\bar{E}K_j^2\lambda_2^2(16+K_j^4)}{\lambda_2(4Q_r^2+16Q_r)(16+K_j^4)-17(16Q_r\lambda_2^2+\lambda_1^2K_j^4)} \qquad (4-17)$$

$$\beta = -\alpha\frac{16Q_r\lambda_2^2+\lambda_1^2K_j^4}{\lambda_2^2(16+K_j^4)} \qquad (4-18)$$

$$\gamma = -\alpha\frac{\lambda_1^2}{\lambda_2^2} - \beta \qquad (4-19)$$

如果把收入增长看作一个刚体运动，这个收入增长的运动过程同样遵守能量守恒定律，即动能和势能之间可以相互转化。当收入从低水平高速增长到中等收入或高收入水平，收入增长的动能会逐渐转变成收入势能，如果收入势能大于期望势能参量，即大于 0，违背最小势能原理，收入势能会转化为降低收入增长的负动能，会绝对地减小增长速度。因此，当收入增长到某个水平或阶段后，应该通过某种方式在这个平台上作出合理的调整，使收入势能尽可能等于期望参量 0。在收入势能达到这个期望参量后，个体行为方式和工作积极性的边际差异再次变小，群体工作协调性系数变得更高，收入增长会重新回到一个快速增长的通道。因此，在收入增长由低水平达到中等收入水平以后，收入势能重回期望参量（0）的过程长短决定了经济体在这个阶段停留的时间长短。多个微观个体的收入增长形成宏观层面上的经济增长，由此，个体收入势能可以归结为经济增长势能，在宏观经济中可以解释中等收入陷阱形成的原因。

部分拉美国家长期陷于中等收入阶段的一个典型事实是收入分配差距过大，巴西等国的经验证明了这一点。按照收入增长势能模型分析，理论上看，收入增长应该是一个整体向上的过程，收入报酬的增长可以激励劳动者个体积极性，激发他们充分发挥劳动潜能。如果收入增长过程中出现明显分化，个体收入差距过大会导致低收入劳动者丧失生产积极性，而高收入劳动者也会满足于已有的收入，形成"福利病"。实质上，收入增长就像一个漫长的爬坡运动过程。个体收入在由低水平增长到更高的收入水平后，"福利病"使得人们满足于已有的高福利，人们变得相对懒惰，劳动积极性不高。个体收入差距拉大也会使个体收入增长流的势能偏离最小势能，个体行为出现偏差，群体行为协调性降低，最终导致劳动生产率降低。而且收入增长产生的高收入和低收入之间的势差会使增长动能逐渐转变为收入势能，收入增长速度变慢，当相对势能增长动力不足后，收入增长在某个阶段停滞下来，甚至被锁定在此收入区间，形成增长陷阱。一旦收入差距过大，低收入群体难以进行人力资本投资，他们普遍教育水平偏低，导致就业选择机会和就业层次降低，造成社会劳动和资本、时间等资源的浪费，阻碍社会生产效率提高。

总之，经济差距拉大会从两个主要方面影响要素生产率增长：其一，存在较大经济差距的高低两端主体之间的流动性降低；其二，经济差距拉大会降低低收入群体的生产积极性，而高收入群体满足于已有的高福利，劳动积极性也降低。以下部分从经济增长势能视角进一步分析经济差距拉大为什么会制约要素生产率增长，在此基础上深入探寻转化经济增长势能、促进要素生产率提升的途径。

第二节 经济差距拉大制约要素生产率提升：
经济增长势能视角的数理模型分析

我们认为我国结构性问题的核心症结在于经济差距拉大而形成了经

济增长势能，由此阻碍了资源和要素流动，影响了要素生产积极性，降低了要素生产率和经济增长率。因此，结构性改革和结构性变动关键在于提高资源要素流动性与社会流动性，把经济增长势能转化为经济增长动能，最终促进经济增长。实质上，经过四十多年经济高速增长，我国经济总量和人民人均生活水平明显提高，同时也形成了差距明显的经济结构，这些差距主要表现在产业、城乡、所有制企业等主体之间。我国结构性问题的核心症结就在于各种经济差距过大，城乡差距、产业差距和不同所有制经济形式之间的差距，随着经济快速发展而不断拉大。过大的差距使宏观制度或政策由于不能有效激励各类要素而无法实现效率增长。导致经济差距拉大的主要影响因素是行政性垄断、市场分割、地方保护等因素。实质上，只要行政性垄断、市场分割、地方保护等这些阻碍资源和要素流动的因素存在，随着经济发展，资源和要素的价格就会自然拉开差距，经济发展越快，差距就越大。这些阻碍资源和要素流动的因素的累积，即制约资源和要素流动的诸多摩擦因素集合在一起，会损失经济增长动能，形成阻碍经济增长的势能。经济差距过大使得经济增长动能逐渐转变为经济增长势能，经济体向上增长动能不足，资源配置状态变得相对固化，资源要素流动性和社会流动性降低。价值链环节中存在长期被低端锁定的企业和产业，由于经济势力差距过大不能形成有效竞争的市场环境，资源配置与社会阶层的固化降低了流动性，所以结构性改革的关键在于破解已经形成的经济增长势能，通过结构重构带动要素和资源流动，打破经济增长势能的阻碍，激发劳动等要素积极性，促进劳动等要素生产率增长，推动供给侧结构性改革。

有研究认为收入不平等对经济增长有严重的阻碍作用（Clarke，1995；Aghion et al.，1999；陆铭和陈钊，2005；Berg et al.，2018），也有研究认为收入不平等将促进经济增长（Forbes，2000）。班纳吉和纽曼（Banerjee and Newman，1993）指出当收入不平等程度上升至抵消经济增长的减贫作用时，经济增长将带来贫困的恶化，出现"贫困化增长"。班纳吉和杜弗洛（Banerjee and Duflo，2003）通过实证研究发现收入差距对经济增长的影响存在阈值，小于阈值收入差距有利于经济增长；收入差距大于阈值时，会严重阻碍经济增长。经济增长有利于减少贫困，但高收入群体随着经济增长其收入增长会比低收入群体收入增长更快，因此会加剧不平等（程名望等，2016；Rubin and Segal，2015）。

罗默（Romer，1975）、罗伯茨（Roberts，1977）、梅尔泽和理查德（Meltzer and Richard，1981）等认为收入不平等会带来税率的提高。发现个体的生产率或收入越高，其所偏好的税率就越低。李（Lee，2014）也认为个体的工资收入越高，收入不平等情形下越不愿意提高税率。个体的工资报酬直接由生产率决定，因此生产率与税率的关系也反映了收入水平与税率的关系。因此作为调节收入分配的手段个人所得税的征收具有强制性。王亚芬等（2007）指出21世纪初的几年我国个人所得税在调节收入分配差距中发挥了越来越大的作用。

王洪亮和徐翔（2006）研究指出在全国总体收入差距不断扩大的过程中，城乡间收入差距和地区间收入差距可以解释总收入不平等的80%以上，前者平均占到总收入不平等的60%以上，后者约占25%。城乡间的人口流动会导致收入不平等程度提高，而地区间的人口流动可以缩小收入不平等程度。任重和周云波（2009）研究表明行业收入差距形成的主要因素是经济体制改革不彻底导致的垄断与部分垄断，其贡献率约占行业差距的65%，政府的行政性垄断是形成我国行业收入差距最主要的因素。

当一个国家的要素和产业流动程度较低时，其资源配置效率不高，很难实现快速发展（林毅夫等，1999）。向上的社会流动有利于调动个体的积极性和创造力（厉以宁等，2019）。吴育辉等（2021）认为当一个社会具有开放的结构或者较高的流动性，社会排序机制强调个体努力、能力等"自致性"因素，个体向上流动的机会可能更多。在特定的社会结构中，社会流动性越高，为经济增长提供的积极激励程度越强，社会成员可以凭借自身的能力和努力向"社会阶梯"高处攀升。

从社会学角度，李路路等（2016）认为流动机会不平等是社会不平等的核心，因为社会流动的开放性会对转型社会的稳定与发展产生巨大影响。李路路等（2018）认为经过四十年的改革开放，中国逐步形成了一个相对稳定的既得利益群体格局。随着社会不平等程度的增加，某些社会阶层相对于其他社会阶层的资源优势扩大，从而强化了再生产结果，导致流动率下降。结构变迁所带来的社会构成效应的衰减也是近年来相对流动率下降、代际流动固化的重要原因。李任玉等（2018）认为社会底层上升通道越来越窄，经济发展对代际间收入流动的促进作用主要体现在收入分布中间位置，收入分布两端群体的流动性未能随着经济发展得以提升，这为经济高速发展下的收入差距居高不下现象提供了一种解释。李路路（2019）进一步指出，市场机制的引入和发展，逐渐从根本上改变了传统的社会资源和社会机会分配的机制和结果，高流动机会使人们减少对社会中社会差异体系的不满，而扩大唯才是举的业绩主义机制，依靠国家的力量继续深化改革，有助于减少阶层固化的现象，加快阶层间的代际流动。

综合以上文献可以看出，有关收入不平等与经济增长之间的关系，不同学者选择分析的对象或研究视角不同，得出的结论也不一样。多数学者认为过高的收入不平等需要通过税率等手段来进行调节，税率是衡量收入不平等程度一个非常重要的变量，一般来说不平等程度越高税率也可能越高。在导致我国收入不平等程度扩大的各种因素中，垄断和城乡分割等因素是最主要原因。要素资源和产业的流动程度越高，社会越开放，向上的流动机会越多，即较高的资源要素流动性和社会流动性能够为经济增长提供更加积极的激励，可以促进经济更快发展。

实质上，随着我国经济高速发展，收入差距不断拉大，经济结构性特征日益明显。产业之间、城乡之间和不同所有制经济主体之间的收入分化程度明显，这种存在结构性特征的各种经济主体之间资源要素流动性的提高通道受到限制，特别是在价值链上游环节包括各种要素市场，依然存在明显的市场分割和垄断性特征，资源和要素空间流动不畅、社会阶层相对固化，经济增长动能降低，经济增长率开始转入中低速阶段。本章把这种收入差距不断拉大而致使经济增长动能降低的状况归结为形成了经济增长势能，由此降低了经济增长率。

为深入分析这一经济现象发生背后的成因，假设社会总收入 $Y = Y_H +$

Y_L，其中 Y_H、Y_L 分别代表高收入者和低收入者的收入。ξ 表示高收入者和低收入者之间收入差距相对水平，即 $\xi = (Y_H - Y_L)/Y_H$，$0 < \xi < 1$。$\xi = 1 - Y_L/Y_H$，当收入差距 ξ 越来越大，在社会总收入 Y 单调递增的条件下，可以证明 $\Delta Y/Y$ 越来越小，即过大的经济差距会因为形成经济增长势能而降低经济增长率。

实际中，当收入差距拉大即收入变得越不平等，政府为了改善收入分配，降低收入分配的不平等程度，往往采取税收等工具例如提高税率来调节收入分配。若收入偏离期望水平越大，适用税率也就越高，这是累进税制的基本内涵。这实际上也表明，税率越高，收入差距越大，越可能是形成了经济增长势能，收入差距拉大后的具体表现是经济资源流动性不高，社会阶层固化，底层劳动力向上流动机会减少，等等。一定程度上税率（η）高低与收入差距大小 ξ 紧密相关。本章引入税率这一重要变量来分析经济差距变大如何影响经济增长率变化问题。

在社会总产出生产函数中，假定经济中只有一种商品，对资本采用阿莱西娜和罗德里（Alesina and Rodrik，1994）定义，包括最广泛的范畴即物质资本、人力资本和所有的专利技术。对劳动采用福斯里德和奥塔维亚诺（Forslid and Ottaviano，2003）定义，即非技术工人（un-skilled labour）。假定高收入者（富人）为资本所有者（Galor and Moav，2004），低收入者为劳动所有者。高收入部分产出为 $Y_H = f(K)$，低收入部分产出为 $Y_L = f(L)$。高收入者与低收入者之间的收入差距或收入不平等可以通过被征收的税率得以体现。适用税率越高，表明高、低收入者之间收入差距越大。因此，假定政府只对高收入者即对资本征税，税率越高表明高收入者收入越高，与劳动所有者之间的收入差距越大。

本章在尹恒等（2005）关于收入不平等和经济增长模型的基础上，进一步分析税率高低与经济增长率之间关系。假定政府财政支出（e_f）分为生产性支出（e_1）和消费性支出（e_2）两类，其中生产性支出（e_1）进入生产过程，可以改善全社会的资源要素使用效率，例如社会生产需要政府提供法规、秩序等公共服务；消费性支出（e_2）直接提高居民的效用水平和福利水平，如政府在公共消费、教育等方面的支出。总生产函数为式（4-20）：

$$y = Ak^a e_1^{1-a} l^{1-a}, \quad 0 < \alpha < 1 \qquad (4-20)$$

式（4-20）中 A 代表技术进步水平，k 和 l 分别代表资本和劳动量。假定经济中有唯一商品，可用于消费与投资，其价格标准化为 1。政府支出 e_1 的生产性职能在这一生产函数中被考虑进去。

假定政府只对资本征税，税率为 η，而且政府预算总是平衡的。因此，有式（4-21）：

$$e_f = t = \eta \cdot k \qquad (4-21)$$

式（4-21）中 t 为政府税收收入。假定资本税征收的对象是包括人力资本在内的各种可积累资源，对没有人力资本投资的原始劳动力的收入不征税，且政府的生产性支出比例为 $\theta(0 < \theta < 1)$，因此政府的生产性支出为 $e_1 = \theta\eta k$，进入效用函数的政府支出为 $e_2 = (1-\theta)\eta k$。假定经济中的劳动总量不变，并标准化为 1。将式（4-21）代入式（4-20），生产函数变为式（4-22）：

$$y = Ak^a(\theta\eta)^{1-a} \qquad (4-22)$$

设要素市场是充分竞争的，即满足劳动的价格工资（w）由劳动的边际生产率决定、资本的价格利率（r）由资本的边际生产率决定。其中资本的价格利率通过对式（4-20）求偏导，将 $e_1 = \theta\eta k$ 代入可得式（4-23）和式（4-24）：

$$r = \frac{\partial y}{\partial k} = \alpha A(\theta\eta)^{1-\alpha} = r(\eta) \qquad (4-23)$$

$$w = \frac{\partial y}{\partial l} = (1-\alpha)A(\theta\eta)^{1-\alpha}k = \omega(\eta)k \qquad (4-24)$$

资本的边际生产率 r 不会随着资本量增加而出现递减，即模型不存在资本边际生产率递减的情况。$\frac{dr}{d\eta} = \alpha(1-\alpha)\theta^{1-\alpha}A\eta^{-\alpha} > 0$；$\frac{dw}{d\eta} = (1-\alpha)^2\theta^{1-\alpha}A\eta^{-\alpha}k > 0$，劳动的边际生产率和资本的边际生产率都是资本税率 η 的增函数。原因在于对于任何资本存量 k，较高的税率 η 意味着政府的生产性支出 e_1 增加，使得总产出 y 增加，从而使资本和劳动的收入相应地增加。扣除税收后，资本和劳动的总收入分别为式（4-25）

和式（4-26）：

$$y_k = [r(\eta) - \eta]k \qquad (4-25)$$

$$y_l = \omega(\eta)kl = \omega(\eta)k \qquad (4-26)$$

总收入约束条件为 $y_l + e_f = [r(\eta) - \eta]k + \omega(\eta)k + \eta(k) = \alpha Ak(\theta\eta)^{1-\alpha} + (1-\alpha)Ak(\theta\eta)^{1-\alpha} = y$。

假定在给定的税率 η 下，经济中所有个人的消费和投资决策都是最优的。由于每个人的未经训练的劳动力都是一样的（假定同质），个人除了在初始资本方面有差异外其余均相同。因此不同个人的差异在于资本份额，如式（4-27）所示：

$$\mu_i = \frac{k_i}{k} \qquad (4-27)$$

式（4-27）中，k_i 为个人 i 的资本份额，k 为总资本。由于个人收入都来自资本和劳动，由式（4-25）、式（4-26）可知式（4-28）：

$$y_i = \omega(\eta)kl + [r(\eta) - \eta]k_i \qquad (4-28)$$

式（4-28）中 l 是个人的劳动份额，每个人的劳动份额均相同。由式（4-28）可知，收入水平 y_i 完全由资本份额 μ_i 和社会初始资本存量决定。模型中财富分配与收入分配直接相关，因此本章认为财富分配与收入分配相同。个人的资本积累行为满足式（4-29）：

$$\frac{\mathrm{d}k_i}{\mathrm{d}t} = \omega(\eta)kl + [r(\eta) - \eta]k_i - c_i \qquad (4-29)$$

假定个人 i 具有对数效用函数，政府支出 e_2 进入消费效用函数式（4-30）：

$$U_i = \int_0^\infty [\ln c_i + \ln g_2]e^{-\rho t}\mathrm{d}t \qquad (4-30)$$

其中 c_i 为消费，$\rho > 0$ 为贴现率。个人视 r、k 和 η 为既定，在（4-29）式约束下最大化效用函数（4-30）。这是一个无限期自治型动态优化问题。令汉密尔顿函数为式（4-31）：

$$H = \ln c_i + \ln e_2 + \lambda\{\omega(\eta)kl + [r(\eta) - \eta]k_i - c_i\} \qquad (4-31)$$

这一动态优化问题的解满足一阶条件式（4-32）和式（4-33）：

$$\frac{\partial H}{\partial c_i} = 0 \qquad\qquad (4-32)$$

$$\frac{\mathrm{d}\lambda}{\mathrm{d}t} = \rho\lambda - \frac{\partial H}{\partial k_i} \qquad\qquad (4-33)$$

由式（4-32）可得 $\lambda = \dfrac{1}{c_i}$，所以有式（4-34）：

$$\frac{\mathrm{d}\lambda}{\mathrm{d}t} = -\frac{1}{c_i^2}\frac{\mathrm{d}c_i}{\mathrm{d}t} \qquad\qquad (4-34)$$

将式（4-34）代入式（4-33）可得个人 i 的最优消费增长率为式（4-35）：

$$\dot{c}_i = r(\eta) - \eta - \rho \qquad\qquad (4-35)$$

这里 $\dot{c}$ 表示消费的增长率，即 $\dot{c} = \mathrm{d}\ln c/\mathrm{d}t$，以下 $\dot{k}$ 照此定义。由式（4-35）可知，在最优路径上个人 i 的消费增长率与反映个人特征的变量 μ_i 和 k_i 无关。因此，经济中最优消费增长率、资本增长率和经济增长率都相同，如式（4-36）所示：

$$\gamma = \dot{k} = \dot{c} = r(\eta) - \eta - \rho \qquad\qquad (4-36)$$

由式（4-36）可计算税率与经济增长率之间的关系，如式（4-37）所示：

$$\frac{\partial \gamma}{\partial \eta} = \alpha\ (1-\alpha)\ \theta^{1-\alpha}A\eta^{-\alpha} - 1 \qquad\qquad (4-37)$$

因此：当 $\eta < \left[\alpha(1-\alpha)\theta^{1-\alpha}A\right]^{\frac{1}{\alpha}}$ 时，$\dfrac{\partial\gamma}{\partial\eta} > 0$，即经济增长率随着税率的增加而增加。当 $\eta > \left[\alpha(1-\alpha)\theta^{1-\alpha}A\right]^{\frac{1}{\alpha}}$ 时，$\dfrac{\partial\gamma}{\partial\eta} < 0$，即经济增长率随着税率的增加而减少。

这个结果是在要素市场充分竞争的前提条件得出的。然而，考虑到较大的经济差距出现在资本所有者（高收入 Y_H）和劳动所有者（低收入 Y_L）之间，实际中在要素市场上资本要素和劳动要素等都会面临垄断或市场分割等非充分竞争因素的影响，中小资本所有者比大资本所有者获取资本要素的成本更高，信贷市场存在"所有制歧视"和"规模歧视"，劳动者报酬存在明显的行业差距等。周天勇（2021）提出体制性剩余概念，认为转轨经济体制中的资源和要素剩余是由于体制因素，使资源和要素的数量、价格不能完全调整，造成了资源和要素的闲置、浪费和低效率利用，据此进一步认为我国市场化改革过程中经济增长的新潜能，都来自巨额闲置和低利用率的资源和要素即体制剩余。

因此，当税率 $\eta > [\alpha(1-\alpha)\theta^{1-\alpha}A]^{\frac{1}{\alpha}}$，税率（$\eta$）越高意味着收入差距越大，即是说，当 ξ 越来越大，Y_H 越来越大，Y_L 相对变得越来越小时，同时高收入群体和低收入群体规模相对变化，总需求相应变化，而新技术的发明与出现是以较大的市场需求规模为前提的，当财富高度集中时，富人边际消费倾向低，消费需求会因为富人的财富过快增长而减少，即收入不平等将抑制技术进步和经济增长。同时利润率趋同规律会因为资源要素流动渠道受限而不能起作用，进一步带来资源错配，资源和要素流动受阻，社会阶层固化，经济增长动能降低，过大的经济差距会因为形成经济增长势能而降低经济增长率。

正如李路路等（2018）认为社会不平等程度的扩大会导致流动率下降，是因为某些社会阶层的资源优势进一步扩大，从而强化了社会阶层分化。可见，收入差距扩大会导致资源配置和社会阶层相对固化，形成经济增长势能。经济增长势能形成及其阻碍经济增长的过程很大程度上是因为资源要素流动性和社会流动性降低，最终致使经济增长动能渐失。在卡尼和莱文（Kearney and Levine，2016）看来，低收入家庭预期其人力资本投资回报率低，结果低收入群体辍学率更高，人力资本投资较低引起经济劣势的持续和不平等固化，据此认为较高的收入不平等意味着较低的社会流动性。综上分析可得，为促进经济增长必须不断推进结构性改革、通过资源重配来提高要素资源流动性和社会流动性，从而重拾经济增长动能。

实质上，只要行政垄断、市场分割、地方保护等这些阻碍资源和要素流动的因素存在，随着经济发展，资源和要素的价格就会自然拉开差距，经济发展越快，经济差距就会越大，由此会增大经济增长势能。体制性剩余实质就是资源要素配置过程不畅而暂时损失的经济增长动能，如果通过市场化改革的推进带来资源要素流动性的提高，体制性剩余就会由经济增长的新潜能而变成经济增长新动能。因此，导致经济差距拉大的制度或体制因素，实质就是资源要素流动过程中诸多摩擦因素的集合变大所致，并形成了阻碍经济增长的经济增长势能，表现为要素资源流动不畅和社会阶层固化。随着经济差距变大，要求适用更高的税率来进行调节。于是，高税率意味着更多的摩擦与经济阻力，由此也就解释了税率越高，经济增长率越低。

第三节　经济差距过大阻碍经济增长吗：实证分析

收入差距总是会存在，像我国这么庞大的经济体不可能长期维持在一个较小的波动区间和范围。随着经济发展，经济差距也会扩大，这部分研究内容选用个人所得税占一般财政预算收入的比重作为反映收入不平等状况或经济差距的核心变量，从 31 个省级数据（1998～2021）变动趋势来看，个人所得税占一般财政预算收入的比重与经济增长率之间实际上存在反向变动关系。关于收入不平等和经济增长的理论模型分析也表明，一定范围内税率与经济增长率存在负相关关系。在此基础上，选择我国 31 个省级面板数据计量分析个税占一般财政预算收入的比重作为核心解释变量，对被解释变量即经济增长率的影响，在控制城乡结构、产业结构和所有制经济结构等变量后，计量结果更为显著，即表明结构性经济差距变大会更加显著地抑制经济增长率，这对于我国推进结构性改革，提供了有益思路和启示，拓宽了相关研究领域。

近年来党中央对我国推进结构性改革进行了深层次部署，进一步明确结构性改革的推进方向，2021 年 12 月中央经济工作会议再次强调要坚持以供给侧结构性改革为主线，畅通国民经济循环，其中重在畅通国内大循环和突破供给约束堵点，特别强调当前在需求收缩、供给冲击和预期转弱的三重压力之下，我国要长期维持经济高质量发展，仍要高度重视如何有效解决已存的结构性问题。世界上部分国家或地区在大体相同的增长节点上，经历了增长动力下降、经济差距拉大、资源环境恶化、社会共识减少甚至撕裂等冲击，以致增长减缓、停滞甚至衰退，陷于中等收入陷阱，未来中国真正的增长潜力主要在于结构性潜能（刘世锦，2021）。为了实现更有效率的经济增长，有必要有效解决阻碍生产率增长的结构性问题，发挥结构性潜能的作用。

为进一步深化供给侧结构性改革，2020 年中央提出构建国内国际双循环相互促进的新发展格局。随着经济全球化，国际分工模式发生了很大的变化，产品内分工成为当前国际分工的主要形式。全球市场中产品内分工和全球价值链重构，导致各个国家和地区间形成了一种新的分工和竞争格局，各个地区、国家之间依托传统的产业间分工所形成的产业结构体系正在趋向瓦解，产业发展的国别独立性和完整性被打破，原来经济体相对独立的产业仅仅成为世界生产过程中的一个节点，产业价值链的跨国分离与整合使各国原先较为完整的产业先行解构，再重新组合为一个新的世界性的产业结构（张平，2014）。这就是所谓的经济解构现象。在此背景下国际产业竞争演变为价值链重构竞争。我国应该抓住全球经济解构过程给我国推进结构性改革提供的有利时机，深入认识并解决我国结构性改革面临的真正问题。

一、数据来源

数据为 1998～2021 年中国 31 个省份（不含港澳台地区）面板数据。原始数据主要来自中经网统计数据库、国家统计局数据库中分省年度数据、各省份统计年鉴、中国劳动统计年鉴、中国第三产业统计年鉴和各地统计公报等，本章对这些数据进行了相应的计算和整理。

二、变量选取与说明

在本章的计量模型中，经济增长率（$gdpg$）为被解释变量。核心解释变量为经济不平等或经济结构性差距状况，选用个人所得税占一般财政预算收入的比重（*taxp*）作为代理变量。选用 *taxp* 这个变量来刻画经济不平等或经济结构性差距的原因在于：其一，基尼系数用于反映收入不平等时存在的不足。理论界在分析收入差距时使用最为广泛的指标之一是基尼系数。然而，魏杰（2006）认为基尼系数的计算方法并不适合我国，基尼系数计算方法存在局限性，基尼系数计算的是特定时间点各个收入组之间差距的加总平均，不能反映收入差距的动态变化过程。特别是基尼系数在收入结构分析中局限性更为突出，并不能体现出收入结构的不同。例如中国的城乡差距，并不完全是城乡生产率的体现，政府通过利用一些财政手段和政策措施调节城乡差距，使城乡差距在某个范围之内得以控制，由此形成了有中国特色的收入差距格局。① 其二，本章根据税率（税收总额比收入总额）而选用个人所得税占一般财政预算收入的比重（*taxp*）这个变量来反映我国结构性问题不断演化过程中的收入不平等状况，近似替代经济差距拉大后的经济增长势能。其优势在于政府财政收入总量中个人所得税的比重一定程度上可以把收入分配的不平等程度和经济差距变化反映出来。正如岳希明和徐静（2012）分析了个人所得税和流转税对收入分配的影响，认为前者按收入征税，税率一般随着收入上升而增加，而后者则是按消费征税，税率通常是比例税率。最高边际税率在不同年份有变化，例如 1980 年个税最高边际税率是 45%，1986 年个税最高是 60%，1993 年个税最高税率是 45%。收入越高者应承担更多的税负，这是个税调整收入差距、缩小贫富分化的重要标尺。由于个人所得税征收具有起征点和累进税制等规则，综合理论界有着收入不平等程度越高税率也越高等观点（Romer，1975；Roberts，1977；Meltzer and Richard，1981），本章的理论模型分析也得出税率高低会影响经济增长率这个核心结论，因此，本章选用个人所得税占一般财政预算收入的比重（*taxp*）作为核心解释变量，这个变量可以把收入不平等的动态变化状况近似反映出来。

---

① 魏杰. 基尼系数理论与中国现实的碰撞［N/OL］. 新浪财经网，http：//finance. sina. com. cn/economist/jingjixueren/20060712/09332725299. shtml.

个人所得税占一般财政预算收入的比重（*taxp*）这个变量数据用（税收收入 – 个人所得税）/一般财政预算收入计算得出，"税收收入 – 个人所得税"与"一般财政预算收入"数据从统计局数据中分省年度数据可得。图 4 – 1 即各省份个税占一般公共财政预算收入比重的变动趋势与 GDP 增长率趋势图，大多数省份两者之间存在反向变动趋势和负相关关系，由此大体上可以看出收入不平等程度变大会降低经济增长率。

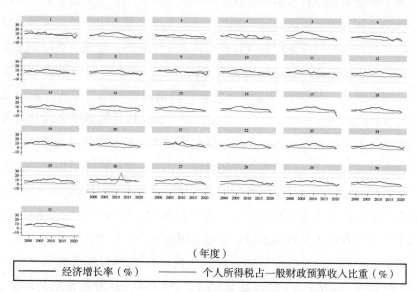

（年度）

| —— 经济增长率（%） | —— 个人所得税占一般财政预算收入比重（%） |

图 4 – 1　1998 ~ 2020 年中国 31 个省级 GDP 增长率与个税占比

注：省市序号 1 – 31 依次表示北京、天津、河北、山西、内蒙古、辽宁、吉林、黑龙江、上海、江苏、浙江、安徽、福建、江西、山东、河南、湖北、湖南、广东、广西、海南、重庆、四川、贵州、云南、西藏、陕西、甘肃、青海、宁夏、新疆。

本章主要分析经济差距拉大形成的经济增长势能如何影响经济增长，为尽可能控制影响经济增长率的其他结构性因素，在计量模型中纳入了一系列控制变量。控制变量主要包括城镇家庭可支配收入（*disp*）、城镇化率（*urba*）、产业结构（*stru*）、不同所有制经济结构（*market*）、要素流动性（*liqu*）、数字经济（*digi*）、表示城乡收入差距的泰尔指数（*theil*）。计量过程中发现控制可支配收入水平等一系列变量后，经济差距变量对经济增长率的影响更为显著和稳健。

其中，选择数字经济（*digi*）这一控制变量是因为，价值链重构过程作为一种经济解构方式，可以有效降低经济增长势能，其中一种主要方式是产业结构重置。当前，全世界范围内智能经济已经成为引领未来全球经济发展的新焦点，数字经济的快速发展深刻影响着全球产业和国内产业升级和结构优化进程，是价值链重构过程的制高点。数字经济实质上是一种智能经济，数字经济通过不断升级的信息工具和信息技术，推动人类经济形态不断向智能化形态转化，极大地降低了社会交易成本，提高资源优化配置效率，推动社会生产力快速提高。因此，我们认为数字经济方面的发展变化代表了经济结构方面的典型变化，基于此选用中华人民共和国国家统计局数据中"运输和邮电业"下"企业信息化及电子商务情况"中"有电子商务交易活动的企业数比重（％）"作为代理变量。

所有制经济结构（*market*）变量使用非国有经济在全社会固定资产投资中所占比例数据：数据来源于中国市场化指数数据库（在该数据库中"非国有经济的发展"栏目下包括"非国有经济在全社会固定资产投资中所占比例"）。要素流动性（*liqu*）变量使用城镇单位就业人员增加来源（录用的大、中专生、技工学校毕业生：万人），数据来源于历年《中国劳动统计年鉴》，样本期间为 2000～2010 年，2011 年开始《中国劳动统计年鉴》不再列出城镇单位就业人员增加来源（录用的大、中专生、技工学校毕业生）数据。表示城乡收入差距的泰尔指数（*theil*）根据相关数据计算得出。其他未特别说明的数据主要来源于国家统计局和中经网统计数据库。各个变量名称、符号和性质及其统计性描述详见表 4－1。

表 4－1　　　　1998～2021 年面板模型中变量统计性描述

变量性质	变量符号	变量名称	数据处理方法及其单位	均值	最小值	最大值
被解释变量	*gdpg*	GDP 增长率	GDP 增长率（％）	9.635	－5.4	19.6
	ln-*gdpi*	人均地区生产总值对数值	人均地区生产总值（元/人）的对数值	10.17	7.92	12.12

续表

变量性质	变量符号	变量名称	数据处理方法及其单位	均值	最小值	最大值
核心解释变量	*taxp*	经济结构性差距	个人所得税比一般财政预算收入（%）	4.928	1.57	27.49
控制变量	*market*	所有制经济结构	非国有经济在全社会固定资产投资中所占比例（%）	8.555	-2.8	12.68
	stru	产业结构	第二产业产值比第三产业产值（%）	1.038	0.191	2.012
	urba	城乡结构	城镇化率	0.509	0.193	0.896
	theil	泰尔指数	城乡收入差距	0.1195	0.0183	0.3539
	digi	数字经济	有电子商务交易活动的企业数比重（%）	8.579	1.5	22.8
	liqu	要素流动性	城镇单位就业人员增加来源（录用的大、中专生、技工学校毕业生：万人）	7.16	0.195	50.19
	disp	可支配收入	城市家庭可支配收入（元）	20844	4724.1	76437.3

三、模型构建与计量结果分析

本章使用省际面板数据检验经济增长势能对于经济增长率的影响。首先对面板数据进行单位根检验，结果显示数列不存在单位根，说明数据具有平稳性。在此基础上进行协整检验以确定变量之间是否存在着长期稳定的均衡关系。在面板数据模型形式的选择上，通过采用 F 检验和 Hausman 检验决定选用固定效应模型还是随机效应模型，Hausman 检验结果的卡方统计量大于零，应该拒绝随机效应和固定效应的系数无系统差异的原假设，即随机效应模型估计不一致，固定效应模型更合适；若 χ^2 为负时使用随机效应模型。模型设定如式（4-38）：

$$gdpg_{it} = \alpha_0 + \alpha_1 taxp_{it} + \lambda_j \sum_{i=1}^{n} contrl_{it} + \delta_i + \mu_t + \varepsilon_{it} \quad (4-38)$$

其中，i 表示中国大陆 31 个省（直辖市、自治区），t 表示年份。模型中变量见表 4-1。计量过程中依次把 $disp$、$stru$、$market$、$theil$、$urba$ 等控制变量加入模型进行面板数据回归，分别计量核心解释变量 $taxp$ 对被解释变量的影响，结果见表 4-2。在控制可支配收入变量后，$taxp$ 对被解释变量的结果显著。$disp$ 变量作为可支配收入变量分别采用城市家庭可支配收入、农村家庭可支配收入和居民可支配收入数据进行计算，作为控制变量三者对模型的计量结果没有显著差异，最终 $disp$ 变量选择使用城市家庭可支配收入数据。

表 4-2 中模型①～模型④依次分别是加入控制变量 $stru$ 和 $disp$、$market$ 和 $disp$、$theil$ 和 $disp$、$urba$ 和 $disp$ 的回归结果，其中只有控制变量 $urba$ 不显著。在模型⑤中把模型①～模型④中所有显著的控制变量包括 $stru$、$market$、$theil$ 和 $disp$ 加入，不包括 $urba$ 变量，各个变量系数在 10% 水平上都显著。模型①～模型⑤中核心解释变量 $taxp$ 对于被解释变量 $gdpg$ 的影响显著且系数都为负。模型⑤作为基准回归方程，其回归结果说明经济结构性差距拉大会降低经济增长率。模型⑤回归结果显示产业结构（$stru$）和所有制经济结构（$market$）作为控制变量对于经济增长率的影响显著为正，说明产业结构优化、非国有经济发展有助于缓解经济结构性差距对于经济增长率的抑制作用，有助于促进经济增长。值得注意的是在基准回归模型⑤中，作为控制变量城市家庭可支配收入（$disp$）的系数显著为负，作为控制变量表示城乡收入差距的泰尔指数（$theil$）系数显著为正。变量 $theil$ 的系数显著为正，意味着城乡收入差距拉大有助于经济增长，而城乡收入差距拉大在于城市家庭可支配收入增长快于农村家庭可支配收入增长，但变量 $disp$ 的系数显著为负说明城市家庭可支配收入增长会降低经济增长率。这一结果存在矛盾，有待进一步检验。模型④中城乡结构（$urba$）变量系数为正但不显著，可见，提高城镇化率有助于缓解经济结构性差距问题进而促进经济增长的结论需要谨慎对待。

表 4 - 2 基准回归结果（1998~2021 年）

解释变量	gdpg（经济增长率）				
	①	②	③	④	⑤
taxp	-0.224 (0.0447)***	-0.119 (0.0475)**	-0.316 (0.050)***	-0.343 (0.054)***	-0.0735 (0.0438)*
控制变量					
stru	4.933 (0.356)***				3.692 (0.348)***
market		0.468 (0.0465)***			0.282 (0.046)***
theil			13.689 (3.321)***		9.762 (2.728)***
urba				0.890 (2.221)	
disp	-0.000136 (0.00008)***	-0.000196 (0.00007)***	-0.00017 (0.0001)***	-0.0002 (0.000013)***	-0.00012 (0.00001)***
常数值	8.4996 (0.593)***	10.589 (0.536)***	13.179 (0.669)***	15.15 (1.06)***	5.376 (0.752)***
R^2（within）	0.6445	0.5442	0.5463	0.5339	0.6231
R^2（between）	0.0007	0.0562	0.0204	0.0002	0.0018
R^2（overall）	0.3292	0.2613	0.3095	0.3197	0.3071
F 检验值	371.60	232.45	246.82	234.79	192.40
Hausman 检验值 （P 值）	168.36 (0.0000)	106.27 (0.0000)	94.56 (0.0000)	67.05 (0.0000)	76.58 (0.0000)
观测值	649	618	649	649	618
组数	31	31	31	31	31
备注	FE	FE	FE	FE	FE

注：（1）括号中的数字为标准差；（2）*、**、***分别表示显著性水平为10%、5%和1%；（3）固定效应 FE 估计的 Hausman 检验的零假说是 FE 与 RE 估计系数无系统性差异；（4）χ^2 为负时取随机效应 RE。

四、稳健性检验

如表 4 - 3 所示，为检验基准回归结果的稳健性，进一步考察三个方面的可能影响：加入可能遗漏的变量并调整样本期、更换经济增长率的衡量指标为人均地区生产总值、使用控制变量的滞后一期变量以解决内生性问题。

（1）调整样本期，加入遗漏变量。第一，加入 *digi* 变量。由于数据的可获得性，*digi* 变量数据样本期间为 2013 ~ 2020 年；加入 *digi* 变量后的模型⑥样本期间调整为 2013 ~ 2020 年。第二，加入 *liqu* 变量，*liqu* 变量数据样本期间为 2000 ~ 2010 年。加入 *liqu* 变量后模型⑦样本期间为 2000 ~ 2010 年。（2）替换被解释变量。模型⑧使用各省（市或地区）人均地区生产总值并取对数（ln-*gdpi*）替换经济增长率（*gdpg*）。（3）使用控制变量滞后一期变量。为避免控制变量可能存在潜在的内生性问题，模型⑨把控制变量都滞后一期。稳健性检验结果见表 4 - 3。表 4 - 3 结果显示，除了模型⑥加入 *digi* 变量并把样本期间调整为 2013 ~ 2020 年后，核心解释变量 *taxp* 对于被解释变量 *gdpg* 的系数为正。模型⑦ ~ 模型⑨中核心解释变量 *taxp* 对于被解释变量 *gdpg* 及替代的被解释变量 ln-*gdpi*（人均地区生产总值）的影响都显著且系数为负。

模型⑥加入 *digi* 变量并把样本期间调整为 2013 ~ 2020 年后，核心解释变量 *taxp* 对于被解释变量 *gdpg* 的系数为正，这一结果产生的可能原因在于数字经济作为一个能够有效提高资源和要素优化配置效率的新型产业，其发展可能抵消了过大经济差距所形成的经济增长势能对经济增长的不利影响。由于数字经济（*digi*）变量数据可获得性而不能获得更多样本，后续研究可以通过拓宽样本进一步论证这一推断。

在模型⑦加入控制变量要素流动性（*liqu*）并调整样本期为 2000 ~ 2010 年后，回归结果显示核心解释变量 *taxp* 的系数值显著为负。模型⑧把被解释变量替换为 ln-*gdpi*（人均地区生产总值）后，核心解释变量 *taxp* 的系数值仍然显著为负，控制变量产业结构（*stru*）和所有制经济结构（*market*）的系数值仍然显著为正。而控制变量城市家庭可支配收入（*disp*）的系数显著为正，控制变量表示城乡收入差距的泰尔指数（*theil*）系数显著为负，这与基准回归模型⑤中结果正好相反，即模型⑤中变量 *disp* 的系数显著为负、变量 *theil* 的系数显著为正。为此，有必要对控制变量城市家庭可支配收入（*disp*）与表示城乡收入差距的泰尔指数（*theil*）的影响进行进一步检验。于是，使用两个变量的交互项（*disp × theil*）在基准回归模型⑤和模型⑧中分别进行回归，结果显示交互项（*disp × theil*）系数显著为正。由此推断，与表示城乡收入差距的泰尔指数相乘而调整后的城市家庭可支配收入会显著推高经济增长率或人均收入水平，这暗含城市家庭可支配收入增长不能无视城乡收入差距过大的影响。否则，在城乡收入差距过大条件下城市家庭可支配收入的增长会加大经济结构性差距对于经济增长的不利影响。这进一步说明城乡收入差距变化以及居民可支配收入增长问题是推进结构性改革过程中十分重要而又具有较高复杂性的部分，需要认真思考和处理。这也从另外一个角度印证了王洪亮和徐翔（2006）的观点，即城乡间收入差距是形成我国收入差距的主要部分。模型⑨使用控制变量 *stru*、*market* 和 *disp* 的滞后一期变量进行回归，没有改变原有基准回归结果中各个变量的系数符号，说明基准回归结果稳健。

综上分析可以得出，经济差距拉大会显著降低经济增长率或人均生产总值。本章通过引入经济增长势能，从结构性差距过大形成经济增长势能导致资源要素流动性降低、社会流动性降低的视角，解释过大经济差距会降低经济增长率。这个解释在理论上是符合逻辑的，在现实中也得到了经验数据的支撑。实证分析中通过加入结构性控制变量，使核心解释变量（*taxp*）对被解释变量（*gdpg*）或（ln-*gdpi*）的影响系数更为显著，这意味着我国要促进经济增长不仅要解决经济差距过大的问题，关键是要从结构性问题着手，通过结构优化解决各种经济差距进而促进经济增长，由此也论证了我国推进结构性改革的必要性，从中也可以思考得出推进结构性改革的有效途径。

表 4 - 3 稳健性检验结果

解释变量	gdpg（经济增长率）⑥ 加入变量（digi）时间段 2013~2020 年	gdpg（经济增长率）⑦ 加入变量（liqu）时间段 2000~2010 年	ln-gdpi（人均地区生产总值）⑧ 被解释变量用人均地区 GDP 对数值	gdpg（经济增长率）⑨ 控制变量滞后一期
taxp	0.191 (0.072) ***	-0.2695 (0.076) ***	-0.0325 (0.0053) ***	-0.1113 (0.0515) **
控制变量	是	是	是	是
stru	3.888 (0.496) ***	2.435 (0.694) ***	0.346 (0.0437) ***	2.671 (0.392) ***
market	-0.0739 (0.074)	0.279 (0.0608) ***	0.073 (0.0052) ***	0.237 (0.0527) ***
theil	20.698 (5.399) ***	4.341 (4.644)	-4.337 (0.306) ***	
disp			0.00004 (0.0000013) ***	-0.0002 (0.00009) ***
digi	-0.054 (0.0327) *			
liqu		-0.039 (0.021) *		
常数值	2.681 (1.292) **	7.693 (1.186) ***	8.887 (0.0999) ***	9.529 (0.669) ***
R^2（within）	0.5446	0.3932	0.9343	0.6632
F 检验值		39.15		287.50
Wald 检验（P 值）	192.81 (0.0000)		6736.44 (0.0000)	
Hausman 检验值（P 值）	$\chi^2 = -477.51$	41.77 (0.0000)	$\chi^2 = -32.21$	93.37 (0.0000)

续表

解释变量	gdpg（经济增长率）	gdpg（经济增长率）	ln-gdpi（人均地区生产总值）	gdpg（经济增长率）
	⑥	⑦	⑧	⑨
	加入变量（digi）时间段2013~2020年	加入变量（liqu）时间段2000~2010年	被解释变量用人均地区GDP对数值	控制变量滞后一期
样本量	217	338	618	619
组数	31	31	31	31
备注	RE	FE	RE	FE

注：（1）括号中的数字为标准差；（2）*、**、***分别表示显著性水平为10%、5%、1%；（3）FE估计的Hausman检验的零假说是FE与RE估计系数无系统性差异；（4）χ^2为负时取随机效应。

五、主要结论和政策启示

本章选择从经济差距过大会形成经济增长势能的角度论述收入不平等对经济增长率的影响，希望从中分析得出推进我国结构性改革的有效途径。基于税率对收入不平等状况的调节作用，把税率纳入经济差距影响经济增长率的理论模型中，通过放宽要素市场充分竞争的前提条件，细致分析了税率高与经济增长率低之间的影响机理：较大的经济差距会累积阻碍经济资源和要素流动的各种摩擦和阻力，从而形成经济增长势能，具体表现为体制性或制度性扭曲，以及要素资源流动不畅和社会阶层固化，这进一步拉大了经济差距。随着经济差距变大，要求适用更高的税率来进行调节。于是，高税率意味着经济体资源与要素流动过程中存在更多的摩擦与阻力，由此解释了税率越高，经济增长率越低的原因。简言之，即是较大的经济差距形成了经济增长势能，降低了要素资源流动性，致使经济增长动能渐失。

实证分析通过选用个人所得税占一般财政预算收入的比重（taxp）作为核心解释变量，计量其对被解释变量经济增长率（gdpg）的影响。这两个变量的省级数据（1998~2021年）变动趋势显示两者存在反向变动关系，大多数省份个人所得税占一般财政预算收入比重较高的年份对应经济增长率较低。在构建的面板数据计量模型中通过加入包括产业结构、城乡结构、所有制经济结构等结构性控制变量，同时在控制城市家庭可支配收入和城乡收入差距条件下，核心解释变量（*taxp*）对于被解释变量（*gdpg*）的影响显著为负，稳健性检验支撑了这一结果，说明经济差距拉大会降低经济增长率。计量过程和结果有力地表明：缩小经济差距促进经济增长率提高的有效途径是使用结构性变动的方法，这为推进结构性改革提供了有益思路。

第四节　本章小结

综合理论论证过程和结论，以及计量过程和实证结果，得出政策启示：一是从计量结果来看，收入不平等程度变大会降低经济增长率，因此应该通过有效途径降低收入不平等、缩小收入差距来促进经济增长。这个有效途径就是通过产业结构、所有制经济结构和城乡结构优化等来提高要素资源流动性，通过发展数字经济等具有较强资源优化配置功能的经济形式来提高生产率，促进经济增长。二是我国要大力推进结构性改革，因为经济结构性差距的拉大经历了一个较长时期与过程，在此过程中导致收入差距变大的重要因素是制度或体制性因素，这些制度或体制性因素实质是长期累积的摩擦或阻力，由此集合而成了经济增长势能。因此不能企图通过根本改变某个制度或变换体制快速达到改革的目的，而是要推行渐进式改革，通过结构性变动逐渐化解体制或制度性因素对资源要素流动的障碍，通过结构性改革提高要素资源流动性，降低经济增长势能的不利影响。

总之，随着高科技发展与经济全球化，世界经济重构进程中存在激烈的产业链重构与价值链重构竞争。如何促进要素生产率增长，提升中国企业和产业在全球价值链和产业链中的地位，解决我国经济结构性体制性矛盾和深层次体制机制问题，尤为迫切。中国新兴经济和转型经济并存，其中行政性垄断、市场分割和地方保护等体制性遗留因素形成了制约资源和要素流动的最大摩擦与阻力，由此导致经济差距拉大。已有理论并未从要素流动性和劳动积极性相关联的视角去思考如何提高要素生产率。因此，从经济增长势能视角探究中国结构性问题的成因，即经济快速发展中过大经济差距为何阻碍资源要素流动而形成经济增长势能，从而降低增长动能，关于这一问题的解决机制值得深入研究。

中国结构性问题核心症结在于过大结构性差距形成了经济增长势能，致使社会阶层固化和资源流动性变低，经济增长动能下降。高收入群体满足于已有福利，低收入群体被低端锁定，劳动者不能被有效激励而积极性不高，因此，阻碍要素生产率和经济持续增长。价值链上游环节中由于要素市场的行业垄断等特征，致使知识和技术等要素不易流动，不能有效对接全球价值链。我国生产制造类企业虽然参与全球价值链竞争程度较高，但仍被锁定在价值链中低端，不能进入中高端的原因与要素流动性不高紧密相关。

为提高要素流动性，转化因阻碍资源和要素流动的因素累积而形成的经济增长势能，有必要进行资源重配。通过构建经济增长势能模型，分析要素生产率提升的内在机理与供给侧结构性改革的推进机制，主要在于以人为中心，提高要素质量、优化要素结构，充分应用知识、技术、管理等高级要素，提高要素流动性，发展中间品市场，促进核心价值环节的产业和企业发展，通过数字经济、智能经济等发展促进产业链与价值链重构并升级，降低行政垄断等因素不利影响，最终推进供给侧结构性改革。

第五章

生产要素质量提升、产业结构优化与
劳动生产率增长：模型与实证

上一章的理论和实证分析表明，由于经济高速增长形成了较大经济差距，其中行政性垄断、市场分割和地方保护等因素累积的摩擦和阻力形成了经济增长势能，高收入群体满足于已有的福利，低收入群体被低端锁定，社会阶层相对固化，要素流动性降低，生产群体整体不能被有效激励，导致劳动积极性不高，生产要素素质提升受制，最终阻碍了要素生产率持续增长，经济体由此而可能陷入因结构性问题而导致的减速。因此，有必要切实提升要素质量、优化产业结构、设计宏观制度，通过结构性改革，重新配置资源和要素，提高资源要素流动性和激发劳动者积极性，把经济增长势能转化为经济增长动能，促进劳动等要素生产率增长。

第一节　结构优化与产业链重构的
背景与理论文献研究

供给侧结构性改革的重点是解放和发展社会生产力，要用改革的办法推进结构调整，提高全要素生产率。当前中国经济的问题主要是存在供给结构严重错配，要通过优化要素配置和调整生产结构来提高供给体系质量和效率，从生产端入手推进供给侧结构性改革，进而推动经济增长。显然，作为生产端要素投入的劳动要素使用效率与资本要素一样是生产效率中最主要的部分，而以提升生产效率为根本目的的供给侧结构性改革，更重要的是提升劳动生产率。因为现阶段随着劳动人口比重的下降和人口红利的消失，我国数量庞大的劳动人口要转化为可以利用的资源优势，必须有效提高每个劳动者的生产效率。由于我国存在着明显效率差距的经济结构，有必要通过结构优化和调整来带动劳动力流动，激发劳动者生产积极性，从而提升劳动生产率，因为生产积极性是影响劳动生产率的一个非常重要的因素，而且劳动力从低效率部门向高效率部门的流动具有很强的激励作用，是激发劳动者积极性和努力程度的一个有效途径。

当前，我国无效和低端供给过多，而有效和中高端供给不足。低端供给对生产技术和创新能力要求不高，产品容易复制，创业成本低且不需要过多冒险成本；而中高端供给必须以先进技术和高质量创新为支撑。而体制机制的束缚使供给侧要素调整不畅且难以有效配置，"僵尸企业"大量存在抑制了新产品和新服务的供给潜力释放。上述在生产效率方面存在的差距是中国进行供给侧结构性改革的一个主要原因。随着经济的高速增长，我国形成了差距明显的经济结构，这些差距主要表现在产业之间、城乡之间、国有非国有经济之间、东中西部区域经济之间等，导致这些差距形成的一个非常重要的原因是生产主体存在效率差异。以劳动生产率为例，我国城市与农村、工业与农业、东部区域与西部区域等之间的差距明显。而就劳动生产率的水平来说，我国与发达国家相比还有较大差距。

目前我国即将跨越中等收入发展阶段，我国经济依然面临的一个中心问题就是如何成功快速地跨越中等收入陷阱。从拉美国家和东亚国家跨越中等收入陷阱的经验可以看出，劳动生产率增长率过低是部分拉美国家无法走出中等收入陷阱的决定性因素。刘志彪（2015）也认为决定一个国家经济发展好坏的主要因素是社会生产力发展和劳动生产率提高，因此政府推进经济转型升级的政策目标和依据应该是提高社会生产率，当前我国经济下行压力持续较大的原因在于生产率的持续下降与要素成本上升的共同作用。黄益平等（2014）也认为，要素市场尤其是劳动力市场的变化是推动市场模式转变和中国经济转型的主要驱动力，近期要素市场的变化是促使中国经济向"新常态"模式转变的主要原因。常修泽（2015）则认为未来中国最突出的问题是"人"的潜力没有得到充分发挥。理论界认为提高劳动生产率最关键的是提高劳动者的积极性。中国人民大学的刘伟教授（2017）认为供给侧结构性改革从短期看是要调动劳动者的积极性刺激劳动者的热情；从长期看是要提升要素效率和全要素生产率，提升劳动者人力资本的积累，改变劳动者的知识结构。确实，中国劳动人口基数巨大，为了充分发挥人口方面的优势，有必要探讨劳动生产率相关问题。基于此，本章主要讨论各种经济结构性因素的变动对劳动生产率提升过程所产生的影响，并使用相应的数据进行计量分析，从而分析结构性改革如何有效提升劳动生产率。

关于经济结构对劳动生产率的影响，库茨涅兹指出第一产业的比较劳动生产率越是低于第二产业与第三产业，国民收入就越低。因此不发达国家要提高人均收入水平，关键是尽快提高农业劳动力的生产效率，尽可能把农业剩余劳动力转移到工业和服务业中去，以便减轻农村隐蔽性失业的非效率问题（Kuznets，1955）。刘伟（2009）深入论述了产业结构高度化即产业结构优化的本质，其内涵就是劳动生产率提高，一个经济体的产业结构优化在于这个经济体中劳动生产率较高的产业所占的份额较大。

中国经济增长前沿课题组（2012）认为长期经济增长是一个结构演进到均衡路径逐步达成的过程。在产业结构持续演进的过程中，第二、第三产业存在一种潜在趋势即劳动生产率趋同。现阶段中国和拉美等国家服务业劳动生产率普遍低于工业，服务业相对劳动生产率，即第三产业/第二产业相对劳动生产率都显著小于1。国务院发展研究中心课题组（2010）认为非农产业的劳动生产率和农业劳动生产率的比值，反映了通过促进劳动力从农业部门向非农部门流动和重新配置而提高产出的潜力，改革开放后我国该指标在 3.5 和 7 之间，与其他国家相比，我国明显偏高。

黄益平等（2014）研究认为，中国经济出现高速增长和结构风险不断上升的根本原因，是改革期间采取的不对称市场化做法，要素市场扭曲压低了投入成本。随着时间的推移，低投入成本导致了结构性问题。其一，低收入家庭更多地依赖工资性收入，而高收入家庭更多地依赖企业利润和投资回报，所以收入分配更为恶化；其二，GDP 中消费份额不断下降，是由于家户收入增速慢于 GDP 增速；其三，能源、资本和其他资源不寻常的低成本导致企业的生产行为更加浪费。如果大多数劳动力不能进入高附加值产业，中国的经济增长可能陷入迟滞不前，并可能面临大规模失业问题，因此要提高劳动力质量，恰当配置劳动力资源。可见，劳动力素质、劳动力资源配置状态等都会对生产效率产生深刻影响。

综合来看，随着我国工业化进程到城市化进程的转换，现代经济结构从以产品生产配置为中心全面转向以人为配置中心，因此以劳动力流动为中心的结构转变将是未来一段时期内经济发展的主要内容。我国劳动人口数量多，而现阶段劳动人口比重有下降趋势，因此应该适应人口结构的变化，突出人的因素与人力资本的作用，促进劳动力流动，通过劳动力流动带动其他要素资源流动，优化经济结构，以推进城市化为主线，考虑与产业结构、所有制结构、区域结构等变动过程相联，进而促进劳动生产率提高。

第二节　存在效率差异的两部门增长模型与产业结构优化思路探索

在现代经济背景下，随着经济快速增长，收入差距总是会存在。随着经济差距的扩大，需要考虑让低效率部门的劳动力向高效率部门流动，从而尽可能减小高效率群体和低效率群体之间的收入差距，激发低效率部门劳动者积极性，提高整体劳动生产率。国务院发展研究中心课题组（2010）在分析农民工市民化的理论模型中，认为城市和农村两个部门之间的劳动力流动可以促进经济增长与提升生产率。以下部分把这一模型进一步拓展到任何存在效率差距的两个部门之间，包括产业之间、所有制经济形式之间、区域之间和城乡之间等，并假定任何低效率部门劳动力向高效率部门流动都正向激励了这部分流动的劳动力生产积极性，在此基础上分析这些存在差距的部门其劳动力从低效率部门向高效率部门转移对劳动生产率和经济增长带来的影响。

假定经济中存在着两个经济生产部门：低效率生产部门和高效率生产部门。设 $L = l_a + l_u$ 表示经济中的总劳动力数量，l_a 表示低效率部门劳动力数量，$l_u = l_{u1} + l_{u2}$ 表示高效率部门劳动力数量，其中 l_{u1} 表示高效率部门中原有的劳动力数量，假定这一数量是外生给定的，l_{u2} 是高效率部门由外转移而来的劳动力人口数量。假设低效率部门劳动力可以在两个部门之间自由流动。

一、高效率部门生产

假定高效率部门劳动力和外来劳动力都生产相同的产品（工业品），其产出取决于劳动力的人力资本水平，如式（5-1）所示：

$$Y_{ui} = A l_u^\alpha h_u^\beta h_{ui}^\gamma, \ 0 \leqslant \alpha < 1/2, \ \beta + \gamma \leqslant 1^① \qquad (5-1)$$

这里 Y_{ui} 表示高效率部门中单个劳动力 i 的产出水平，$l_u = l_{u1} + l_{u2}$ 表示高效率部门劳动力数量，h_{ui} 表示 i 的人力资本水平，h_u 表示高效率部门中平均的人力资本水平。在式（5-1）所描述的生产函数中 $l_u^\alpha h_u^\beta$ 度量了高效率部门规模对劳动生产率的外部性（Fujita and Ogawa，1982），α 度量了高效率部门中劳动力数量的产出弹性，β 度量了高效率部门中平均人力资本水平的产出弹性，γ 度量了单个劳动力的人力资本的产出弹性。

---

① 假定 $0 \leqslant \alpha < 1/2$ 保证均衡的存在。

高效率部门中劳动力的工资水平由工业品的价格水平和生产效率决定，即式（5-2）：

$$W_{ui} = pY_{ui} \quad (5-2)$$

其中，P 为工业品的价格水平。假定高效率部门中的生产者具有相同的人力资本水平，如此，在均衡时工业品总产出水平为式（5-3）：

$$Y_a = \sum_i Y_{ai} = BL_a h_a^{\varepsilon+\delta} \quad (5-3)$$

从式（5-3）中可以看到，高效率部门劳动力数量的增加，对于高效率部门总产出具有规模效应。

二、低效率部门生产

我们假定低效率生产部门的生产函数为式（5-4）：

$$Y_{ai} = Bh_a^{\varepsilon} h_{ai}^{\delta} \quad (5-4)$$

这里 h_{ai} 和 h_a 分别表示低效率部门中单个劳动力和平均的人力资本水平。在式（5-4）所描述的生产函数中，劳动力数量并没有规模经济效应，但是知识具有外溢性。

低效率部门的工资水平由其生产效率决定，并且假定低效率部门生产的产品例如农产品的价格为1（即标准价格），那么有式（5-5）：

$$W_{ai} = Y_{ai} \quad (5-5)$$

假定低效率部门中的生产者具有相同的人力资本水平，这样在均衡时，低效率部门的总产出水平为式（5-6）：

$$Y_a = \sum_i Y_{ai} = BL_a h_a^{\varepsilon+\delta} \quad (5-6)$$

三、居民行为

假定两个经济部门内的居民效用函数为式（5-7）：

$$V = (x_c + a_c^{\xi})^{\sigma} \quad (5-7)$$

其中，x_c 表示居民对工业生产品的消费量，a_c 表示对农产品的消费量，$\sigma = \dfrac{1}{1-\xi}$，$0 < \xi < 1$ 度量了农产品的价格弹性。在关于工业生产品拟线性的效用函数的假定下，农产品的消费没有收入效应，也就是说，居民收入的多少并不影响他们在农产品上的消费数量。假定农产品的价格为 1，于是居民对于农产品的需求可以表示为式（5-8）：

$$a_c = (\xi p)^{\frac{1}{1-\xi}} \qquad (5-8)$$

高效率部门原有居民、高效率部门外来居民以及低效率部门居民对工业品的消费需求可以分别表示成式（5-9）、式（5-10）和式（5-11）：

$$px_{1c} = (1-s)I_1 - (\xi p)^{\frac{1}{1-\xi}} \qquad (5-9)$$

$$px_{2c} = (1-s)I_2 - (\xi p)^{\frac{1}{1-\xi}} \qquad (5-10)$$

$$px_{ac} = (1-s)W_a - (\xi p)^{\frac{1}{1-\xi}} \qquad (5-11)$$

其中，I_1，I_2，W_a 分别表示高效率部门原有居民、高效率部门外来居民以及低效率部门居民的实际收入水平，s 表示居民的储蓄率，以下我们假定居民将其收入的 s 比例用于储蓄，以形成人力资本的积累。高效率部门原有居民、高效率部门外来居民以及低效率部门居民之间收入的差异将会造成不同居民在工业品消费上的差异。

四、政府行为

考虑最简单的区域空间结构，假设区域中的所有生产活动都集中在某区域的中心，其中的所有居民都居住在以中心区域为圆心的同心圆内。由于居民广泛地分布在区域的各个点上，他们需要支付到区域中心从事生产活动所需的往返交通费用。设单位距离的交通成本是 $p\tau$。假定每个居民的居住面积单位化为 1，高效率部门原有居民和外来居民的居住地均匀地分布在以中心区域为圆心的同心圆上，但需要向市政部门缴纳房屋租金，这样，房屋出租市场上的均衡将会使得其费用呈梯度状分布，房租从区域中心向外围逐渐递减，在中心区域房租最高，距离中心区域最远的地区房租为零。每个居民都面临房租与交通成本之间的权衡取舍①。参照莫林（Mohring，1961）的方法，可以计算得到居民的总房租和总交通成本（高效率部门和低效率部门都相同），如式（5 - 12）、式（5 - 13）和式（5 - 14）所示：

$$居民总租房成本 = \frac{1}{2}pdl_u^{\frac{3}{2}} \tag{5 - 12}$$

$$居民总交通成本 = pdl_u^{\frac{3}{2}} \tag{5 - 13}$$

$$居民人均生活成本 = \left(\frac{3}{2}pdl_u^{\frac{3}{2}}\right)\Big/ l_u = \frac{3}{2}pdl_u^{\frac{1}{2}} \tag{5 - 14}$$

其中，$b = \frac{2}{3}\pi^{-\frac{1}{2}}\tau$，$\pi$ 表示圆周率。式（5 - 12）、式（5 - 13）、式（5 - 14）描述了居民的所有生活成本，可以看出，居民的边际生活成本随着人口的增加而增加。

假定政府市政部门收取房租，但会把这部分房租再返还给居民。为了区分原有居民和外来劳动力，假定政府对原有居民和外来人员按照不同的标准给予补贴。极端情况下，所有房租都补贴给原有居民，而在完全公平情况下，原有居民和外来劳动力补贴标准相同。当然，模型假定的外来劳动力享受补贴低于原有居民只是指出他们没有真正获得高效率部门居民身份的一种形式。事实上高效率部门居民享有的各种待遇，例如医疗、教育、社保等公共服务方面都比低效率部门更优。因此，这种待遇上的优势使得低效率部门居民具有向高效率部门流动的原动力。

---

① 设基础设施费用是居住地到中心区域距离 d 的函数，记为 $R(d)$，设单位距离上的交通成本是 $p\tau$，所以居民从居住地到中心区域的交通费用是 $p\tau d$。所以总的生活成本是 $R(d) + p\tau d$。设区域的半径为 r_u，由于每个居民的居住面积单位化为 1，所以 $\pi r_u^2 = l_{u1} + l_{u2}$，即 $r_u = \pi^{-\frac{1}{2}}(l_{u1} + l_{u2})^{-\frac{1}{2}}$。由于在均衡的住房市场上，区域最边缘的租金为零，这样住房市场的均衡要求 $R(d) + p\tau d = p\tau r_u$，即在不同地点上的基础设施费用可以表示成 $R(d) = p\tau(r_u - d)$。这样，高效率部门原有居民和外来居民所有缴纳的全部基础设施费为 $\int_0^{r_u} 2\pi d \cdot R(d)\Delta d = \frac{1}{3}p\pi\tau r_u^2 = \frac{1}{3}p\pi^{-\frac{1}{2}}\tau(l_{u1} + l_{u2})^{\frac{3}{2}}$。同理，居民所支付的交通费用为 $\int_0^{r_u} 2\pi d \cdot p\tau d\Delta d = \frac{2}{3}p\pi\tau r_u^3 = \frac{2}{3}p\pi^{-\frac{1}{2}}\tau(l_{u1} + l_{u2})^{\frac{3}{2}}$。

为了简单分析，设低效率部门劳动力获得补贴是高效率部门原有居民的 $\theta \in [0, 1]$ 倍，这样 θ 越大，表示低效率部门劳动力转化为高效率部门劳动力程度越高（$\theta = 0$ 表示低效率部门劳动力转化为高效率部门劳动力程度最低，$\theta = 1$ 表示低效率部门劳动力与高效率部门劳动力待遇完全相同），用 θ 的差别表示由于居民身份的差别而导致的待遇差异。

这样政府市政部门的预算约束如式（5–15）所示：

$$pbl_u^{\frac{3}{2}} - Tl_{ul} - \theta Tl_{u2} \tag{5–15}$$

这里 T 表示高效率部门原有居民的人均补贴，$T = \frac{1}{2} pbl_u^{\frac{3}{2}} / (l_{ul} + \theta l_{u2})$，而低效率部门获得的人均补贴为 θT。

五、实际工资水平和价格水平

均衡时，各类居民的实际收入水平由其生产效率决定。这样，低效率部门生产的产品例如农产品生产方程给出了低效率部门劳动力的工资，即式（5–16）：

$$W_a = Bh_a^{\varepsilon + \delta} \tag{5–16}$$

高效率生产部门生产的产品如工业品的生产方程给出了高效率部门劳动力（包括原有劳动力和外来劳动力）的工资水平，即式（5–17）：

$$W_u = pAl_u^a h\beta + \gamma_a \tag{5–17}$$

因此，低效率部门劳动力的实际收入等于其名义工资扣除转移到高效率部门后形成的生活成本加上补贴，即式（5–18）：

$$I_2 = W_u - \frac{3}{2} pbl_u^{\frac{1}{2}} + \frac{1}{2} \theta pbl_u^{\frac{3}{2}} / (l_{u1} + \theta l_{u2}) \tag{5–18}$$

因为低效率部门居民可以在高效率部门和低效率部门之间自由流动（根据自己的条件和意愿选择成为两个部门之一的劳动力），所以低效率部门劳动力的实际收入水平必然等于高效率部门中由低效率部门转移而来的劳动力的实际收入水平，即式（5–19）：

$$I_2 = W_a = Bh_a^{\varepsilon + \delta} \tag{5–19}$$

由此可以得到高效率部门劳动力（包括原有和外来）名义工资水平 W_u 必然满足式（5-20）所表示的关系：

$$W_u = Bh_a^{\varepsilon+\delta} + \frac{3}{2}pbl_u^{\frac{1}{2}} - \frac{1}{2}\theta pbl_u^{\frac{3}{2}}/(l_{u1}+\theta l_{u2}) \qquad (5-20)$$

高效率部门中原有劳动力的实际收入（用 I 表示）为式（5-21）：

$$I_1 = Bh_a^{\varepsilon+\delta} + \frac{1-\theta}{2(l_{u1}+\theta l_{u2})}pbl_u^{\frac{3}{2}} \qquad (5-21)$$

根据式（5-21），低效率部门劳动力向高效率部门转移的程度越高，会降低高效率部门原有劳动力的收入，但实际上这是一个非零和博弈，因为低效率部门劳动力向高效率部门的转移可以扩大高效率部门的规模，提高经济的总产出水平，因此总体上有利于居民收入水平的提高。

在均衡状态下，工业品的价格由式（5-18）和式（5-20）给出，即式（5-22）：

$$p = (Bh_a^{\varepsilon+\delta})\left[Al_u^a h_u^{\beta+\gamma} - \frac{3}{2}bl_u^{\frac{1}{2}} + \frac{1}{2}\theta bl_u^{\frac{3}{2}}/(l_{u1}+\theta l_{u2})\right]^{-1} \qquad (5-22)$$

六、高效率部门规模

从式（5-4）和式（5-6）中可以看到，低效率部门生产的产品农产品的总供给是 $Bh_a^{\varepsilon+\delta}l_a$，假设农产品只用于当期消费，如果总人口是 L，给定单个居民在农产品上的消费由式（5-8）决定，那么农产品的总消费需求是 $L(\xi p)^{1/1-\xi}$，在市场出清条件下，可得到下面的关系式（5-23）：

$$Bh_a^{\varepsilon+\delta}l_a = L(\xi p)^{\frac{1}{1-\xi}} \qquad (5-23)$$

在均衡状态下，低效率部门劳动力人口占总人口的比重可以表示成式（5-24）：

$$(l_a/L)^{\xi-1} = \xi^{-1}(Bh_a^{\varepsilon+\delta})^{-\xi}\left[Al_u^a h_u^{\beta+\gamma} - \frac{3}{2}bl_u^{\frac{1}{2}} + \frac{1}{2}\theta bl_u^{\frac{3}{2}}/(l_{u1}+\theta l_{u2})\right]$$

$$(5-24)$$

由于假定高效率部门原有人口 l_{u1} 和总人口 L 是外生给定的，因此式（5-22）和式（5-24）决定了高效率部门人口规模 l_u 和工业品价格 p 的变化方程。

七、人力资本积累

假定经济中的人力资本积累由低效率部门和高效率部门中的储蓄来决定，并且假定高效率部门原有居民、高效率部门外来居民和低效率部门居民具有相同的储蓄率，而且低效率部门产品农产品完全用于当期消费，高效率部门产品工业品一部分用于消费，一部分用于人力资本积累。这样，人力资本积累方程可以描述成式（5-25）：

$$\dot{H} = (sl_a W_a + sl_{u1} I_1 + sl_{u2} I_2)/p \qquad (5-25)$$

其中，H 表示经济中总的人力资本存量，同时假定高效率部门原有居民在总人口中所占比例为 $n = l_{u1}/L$，$h = H/L$ 表示人均人力资本存量，$g = \dot{L}/L$ 表示经济中的人口增长率。根据式（5-25），可以得到人均资本存量的积累方程式（5-26）：

$$\dot{h}/h = \{s(1-n)W_a + snI_1\}(ph)^{-1} - g \qquad (5-26)$$

均衡时 $h = h_a = h_u$，并且人均人力资本存量满足 $\dot{h}/h = 0$，即满足式（5-27）：

$$sB(h^*)^{\varepsilon+\delta} = \left(h^* g - sn \frac{1-\theta}{2(l_{u1}+\theta l_{u2})} b(l_u^*)^{\frac{3}{2}} \right) p^* = 0 (\varepsilon+\delta \leqslant 1)$$

$$(5-27)$$

八、总产出

总产出包括低效率部门产品农产品和高效率部门产品工业品，考虑到模型中是以农产品为标准化价格，因此低效率部门劳动力向高效率部门转移过程的加深会降低工业品价格，因此采用不变价格计算总产出（假设工业品和农产品价格均为1），如式（5-28）所示。

$$Y = Bh_a^{\varepsilon+\delta}l_a + Al_u^{a+1}h_u^{\beta+\gamma}(L-l_u) + Al_uh_u^{\beta+\gamma} + Al_u^ah_u^{\beta+\gamma}$$
$$= Bh_a^{\varepsilon+\delta}L + (Ah_u^{\beta+\gamma} - Bh_a^{\varepsilon+\delta})l_u + Al_u^ah_u^{\beta+\gamma} \qquad (5-28)$$

九、低效率部门劳动力向高效率部门转移过程对经济的影响分析

如果政府行为改变，调整支出结构，缩小高效率部门外来劳动力与原有劳动力待遇差别以便推动外来人口的本地化，会对部门经济规模和经济增长产生怎样的影响？为回答这一问题，根据式（5-24）比较 $\theta=0$ 表示低效率部门劳动力转化为高效率部门劳动力程度最低与 $\theta=1$ 表示低效率部门劳动力与高效率部门劳动力待遇完全相同这两者情况下的高效率部门人口规模，如式（5-29）和式（5-30）所示：

当 $\theta=0$ 时：$(l_a/L)^{\xi-1} = \xi^{-1}(Bh_a^{\varepsilon+\delta})^{-\xi}\left[Al_u^ah\beta - \frac{3}{2}bl_u^{\frac{1}{2}} + \gamma_u\right]$ （5-29）

当 $\theta=1$ 时：$(l_a/L)^{\xi-1} = \xi^{-1}(Bh_a^{\varepsilon+\delta})^{-\xi}\left[Al_u^ah\beta - bl_u^{\frac{1}{2}} + \gamma_u\right]$ （5-30）

比较式（5-29）和式（5-30）可以发现，高效率部门人口规模在低效率部门劳动力完全享受高效率部门待遇的情况下，高于低效率部门劳动力转化为高效率部门劳动力程度最低时的人口规模。从这个角度看，施加在高效率部门外来人口上的流动限制一定程度上降低了高效率部门人口规模的增长。因此，给低收入群体进入并享有高收入群体所适用的医疗、教育、社保等公共服务方面的平等待遇，有助于进一步提高高效率部门的规模。

以上分析同时表明，低效率部门居民和正在由低效率部门转移到高效率部门的劳动力两者的实际收入相同均为 $Bh_a^{\varepsilon+\delta}$，而高效率部门居民实际收入为 $I_1 = Bh_a^{\varepsilon+\delta} + \frac{1-\theta}{2(l_{u1}+\theta l_{u2})}pbl_u^{\frac{3}{2}}$，可见当 θ 增大甚至等于 1 时，表明劳动力由低效率部门转移到高效率部门程度越高，两部门居民收入差距将相应缩小。由于模型假定高效率部门中工业品的生产效率具有人口的规模效应，或者说，高效率部门中人口数量越多，那么工业品的生

产效率越高。所以，两部门之间劳动力的转移可以提高高效率部门的人口规模，发挥规模效应，提高两部门居民的收入水平。由此可以推断，缩小收入差距并不是一个简单的收入转移过程，而需要从根本的公共服务水平上加大对低效率部门的支持，提高他们的公共服务待遇水平。

低效率部门居民向高效率部门转化的过程对经济增长的影响，首先反映在其对人力资本的影响上。式（5-27）给出了经济收敛到稳定情况时的人力资本存量，我们同样比较两种情况下均衡的人力资本水平，如式（5-31）和式（5-32）所示：

当 $\theta = 0$ 时：$h = \dfrac{s}{g}\left[Al_u^a h_u^{\beta+\gamma} - bl_u^{\frac{1}{2}} - \dfrac{1}{2}bl_u^{\frac{1}{2}}\left(1 - \dfrac{l_u}{L}\right)\right]$ $\qquad$ (5-31)

当 $\theta = 1$ 时，$h = \dfrac{s}{g}(Al_u^a h_u^{\beta+\gamma} - bl_u^{\frac{1}{2}})$ $\qquad$ (5-32)

根据式（5-31）和式（5-32），当两者均衡情况下的高效率部门变化的差异不大时，当 $\theta = 1$ 时的均衡人力资本水平更高，因此可以提高低效率部门向高效率部门转化的程度，提高社会平均的人力资本积累水平，从而推动经济达到更高的均衡增长路径。由于人力资本是工业品生产和农业品生产的重要生产要素投入，社会平均人力资本存量的提高必然有助于提高总产出，加快经济增长速度。与此同时，由于工业生产还具有很强的人口规模效应，所以高效率部门人口规模的扩大将进一步增加社会总产出。

以上分析同时表明，低效率部门居民和正在由低效率部门转移到高效率部门的劳动力两者的实际收入相同均为 $Bh_a^{\varepsilon+\delta}$，而高效率部门居民实际收入为 $I_1 = Bh_a^{\varepsilon+\delta} + \dfrac{1-\theta}{2(p_{u1}+\theta p_{u2})}\mu bp_u^{\frac{3}{2}}$，可见当 θ 增大甚至等于 1 时，表明劳动力由低效率部门转移到高效率部门程度越高，两部门居民收入差距将相应缩小。由于模型假定高效率部门中工业品的生产效率具有人口的规模效应，并且对于由低效率部门转入的劳动力具有激励作用，高效率部门中人口数量越多，劳动积极性越高，工业品的生产效率就越高。所以，两部门之间劳动力的转移可以提高高效率部门的人口规模，发挥规模效应，激发劳动者潜能，提高两部门居民的收入水平。由此可以推断，缩小收入差距并不是一个简单的收入转移过程，而需要从根本的公共服务水平上加大对低效率部门的支持，提高他们的公共服务待遇水平，激发低效率部门劳动者的生产积极性。

　　我国进行供给侧结构性改革的根本目的是提高生产效率，有效解决生产要素和资源等"结构性错配"问题，提高供给方生产能力。而要素和资源的"结构性错配"问题主要表现在诸如城乡之间、产业之间、所有制经济部门之间、区域经济之间，存在明显的效率差距。随着我国经济发展，从国家统计局数据中企业资产收益率指标可以看出，国有企业和民营企业之间盈利能力差距继续拉大，第一产业与第二、第三产业之间的劳动生产率差距进一步扩大，农村和城市的人均收入水平、中西部和东部区域之间经济差距也日益明显。理论上，让低效率部门劳动力等要素资源合适地向高效率部门转移，在加大高效率部门规模的基础上通过激发劳动者生产积极性可以提高要素生产率。实质上，劳动力从农业进入工业部门、从农村进入城市、从落后区域进入发达区域，这些流动后的劳动力的生产积极性都有明显提高。为了进一步分析这一问题，以下部分采用各种结构性数据实证检验其对劳动生产率的具体影响与作用。

第三节　结构性因素对劳动生产率影响的实证分析

　　自改革开放以来，除了个别年度外，大部分年度经济增长率与劳动生产率增长率的变动趋势基本一致，凡是劳动生产率增长率较高的年度，经济增长率也较高；相反，劳动生产率增长率较低的年度经济增长率较低，这表明劳动生产率增长率与经济增长率之间在数量上存在正相关关系。可见推动劳动生产率增长率与促进经济平稳有效增长是完全一致的，劳动生产率提高具有引致和加速增长的长期趋势，提高劳动生产率是加速经济增长的有效途径。因此，本章研究我国劳动生产率提高的结构性影响因素，一定程度上也是我国经济增长的影响因素。上述理论模型中涉及的效率差异实质上广泛存在于我国城乡之间、产业之间、所有制部门之间和区域经济之间等。以下部分主要使用城乡结构、产业结构、所有制结构、区域结构等结构性数据，计量分析各个结构性因素对于劳动生产率增长的影响，并从数据计算和计量过程中综合分析和寻找提高劳动生产率的有效途径。

一、变量设计、数据选取与说明

实证部分使用的各变量名称和替代指标如表 5 – 1 所示，其中被解释变量 lab 即劳动生产率，在数据选择时考虑使用劳动生产率绝对值（折算值）、劳动生产率折算值的年增长率、全员劳动生产率增长率、劳动产出除以劳动投入得出的劳动生产率数据等。本章采用 GDP 除以全国就业总人数计算出全员劳动生产率，其中用 GDP 指数（1978 = 100）对产值数据进行折算。产业结构分别用第一、第二和第三产业产值增加值，并用 GDP 指数（1978 = 100）进行折算。使用了第一产业增加值与第二产业增加值比值、第一产业增加值与第三产业增加值比值、第二产业产值与第三产业增加值比值这三个比值系列数据反映产业结构变动对劳动生产率变动的影响。

表 5 – 1　　　　　　　　　　变量设计

变量名称	变量英文名称	替代指标
劳动生产率	lab_i	全员劳动生产率及其增长率等
城市化	$town$	城乡人口比值
市场化	$market$	非国有与国有工业企业单位人口数比值
产业结构	$industr1$	第一产业产值与第二产业产值比值
	$industr2$	第一产业产值与第三产业产值比值
	$industr3$	第二产业产值与第三产业产值比值
区域结构	$district$	锡尔系数
性别结构	$male$	男女人口比值

城市化作为社会经济变化过程，包括农业人口非农业化、城市人口规模不断扩张，城市用地不断向郊区扩展，城市数量不断增加以及城市社会、经济、技术变革进入乡村的过程。本章使用城乡人口比近似替代城市化。市场化通过改善资源配置和激励机制促进效率的提高。本章使用非国有工业企业总产值与国有工业企业总产值之比作为市场化程度的近似替代指标。有关区域结构因素选用锡尔系数近似替代。锡尔系数（Theil 熵）最早是由锡尔等于 1967 年提出的，用来反映区域差异。这里用样本期间内计算所得的全国锡尔系数反映中国区域经济差距。锡尔系数越高，反映区域经济差距越大。在研究劳动生产率变动的结构性影响因素中，考虑到在部分行业中性别因素会对生产效率产生影响，因此选择全体就业人口中男女就业人口的比值替代性别结构。在上述序列之外还引进 GDP 增长率数据序列。以上各个变量的原始数据均来自中国国家统计局《中国统计年鉴》和《新中国六十五年统计资料汇编》，本章进行了相应计算与处理，使用 1978～2020 年相关时间序列数据进行计算。

二、实证计量过程与结果分析

对上述各序列进行单位根检验，检验结果显示，各个序列的一阶差分序列均在 5% 显著水平上平稳。在此基础上再进行协整检验与 Granger 因果关系检验。根据单位根检验中时间序列达到平稳结果的差分阶数来确定滞后阶数，本章滞后阶数选择为 1。协整检验结果显示除了序列产业结构 1 和序列男女比之外，序列之间存在协整关系。然后对各序列进行 Granger 因果关系检验，检验结果如表 5 - 2 所示。其中，GDP 增长率是劳动生产率增长的 Granger 原因，GDP 增长率也是第一产业产值与第三产业产值之比变动的 Granger 原因，劳动生产率增长率是非国有工业企业总产值与国有工业企业总产值之比变动的 Granger 原因，区域经济差异（锡尔系数）是第二产业产值与第三产业产值比值变动的 Granger 原因。除此之外，其他序列之间不存在 Granger 因果原因关系。Granger

因果关系检验实质上是检验一个变量的滞后变量是否可以引入到其他变量方程中。一个变量如果受到其他变量的滞后影响，则称它们具有Granger 因果关系。即如果某数据序列 x 的滞后值能有效改善另一数据序列 y 的解释程度，就认为 x 是 y 的 Granger 原因。GDP 增长过程实质是经济发展过程，Granger 因果关系检验结果一定意义上表明经济发展某种程度上可以带来劳动生产率提升，以及农业与服务业产值之比的客观变化。劳动生产率增长会带来非国有与国有工业企业的比值变化，而区域经济差异的变化会带来工业与服务业产值之比的变化。

表 5 – 2   Granger 因果关系检验结果

假设	F 值	P 值
D（GDP 增长率）不是 D（劳动生产率）的 Granger 原因	8.4382	0.0018
D（GDP 增长率）不是 D（产业结构 2）的格兰杰原因	5.6395	0.0102
D（劳动生产率）不是 D（市场化）的格兰杰原因	2.9436	0.0727
D（区域差异）不是 D（产业结构 3）的格兰杰原因	2.9490	0.0724

三、回归分析及计量结果说明

上述检验结果表明可以对各序列进行回归分析。按照上文所述理论模型，在高、低效率两部门劳动力规模变动对总产出增长影响的过程中，经济总量的变动会受到两部门劳动力人口规模变动和劳动积极性因素等的影响，因此劳动生产率的变动也会受到高效率部门和低效率部门劳动力人口规模变动的影响，即存在效率差异的经济部门结构的变动会影响劳动生产率。综合式（5 – 28）、式（5 – 29）和式（5 – 30），我们把存在明显差距的产业之间、城乡之间、所有制经济之间和区域经济之间等结构性数据，作为解释变量，添加随机误差项 u_i 构建对数变量的时间序列线性计量模型如式（5 – 33），利用普通最小二乘法（OLS）进行回归，计量这些因素的变动对于劳动生产率的影响。式（5 – 33）中，各个变量的意义同表 5 – 1。

$$\ln(lab_i) = \alpha + \beta_i \ln(industry_i) + \beta_4 \ln(town) + \beta_5 \ln(market)$$
$$+ \beta_6 \ln(district) + \beta_7 \ln(male) + u_i \qquad (5-33)$$

回归结果见表 5-3。其中，模型 Ⅰ 到模型 Ⅳ 之间的不同主要在于被解释变量使用的数据不同。具体地，模型 Ⅰ 中被解释变量为 lab_1 即全员劳动生产率即折算后 GDP 与就业人员数之比。模型 Ⅱ 中被解释变量为 lab_2 即全员劳动生产率增长率。模型 Ⅲ 中被解释变量为 lab_3 即劳动产出除以劳动投入之比。模型 Ⅳ 中被解释变量为 lab_4 即折算后劳动生产率增长率。在各个模型的回归过程中，表示人口结构的男女人口比例序列即男女比都不显著，因此在模型回归过程中不考虑这一因素所产生的影响。

表 5-3 不同模型计量结果

	模型 Ⅰ	模型 Ⅱ	模型 Ⅲ	模型 Ⅳ
产业结构1	-0.3281 (-2.1219)**	-191.8 (-4.379)***		-0.963 (-4.834)***
产业结构2		29.9 (2.629)**	-939.7 (-3.595)***	
产业结构3			630.8 (2.543)**	0.114 (2.244)**
市场化	0.1468 (1.8637)*	-29.8 (-3.29)***	443.7 (2.729)**	-0.154 (-2.439)**
城市化	0.6052 (3.6869)***	-174.7 (-3.963)***	3085.3 (4.542)***	-0.984 (-3.325)***
区域差异	0.4995 (1.7279)*	-655.9 (-3.591)***		-4.009 (-3.32)***
constant	8.312 (11.8143)***	336.4 (5.22)***	-1292.7 (-2.045)*	1.769 (4.640)***
R^2	0.9647	0.551	0.954	0.517
Ad R^2	0.9607	0.461	0.947	0.421

续表

	模型 I	模型 II	模型 III	模型 IV
D - W	1.3395	1.58	0.68	1.774
Observations	40	40	40	40
Prob（F - statistic）	0	0.0007	0	0.0017

注：***、**、*分别表示1%、5%、10%的统计水平上显著，括号内为 t 统计量。

通过对数据甄别，最后选择利用劳动生产率、三次产业产值之间比值、表示地区经济差距的锡尔系数、非国有与国有工业企业单位人口数比值、城乡人口比值等样本数据根据计量模型式（5－33）进行回归，并剔除方程中存在共线性关系的相关变量，得到各个模型的回归结果（见表5－3）。从各个模型的回归结果来看，模型 I 在剔除共线性序列产业结构2（即第一产业与第三产业产值之比）和产业结构3（即第二产业与第三产业产值之比）后，各序列系数分别在10%、5%和1%水平上显著，回归方程的判决系数 $R^2 = 0.9647$，修正的判决系数 $R^2 = 0.9607$，D － W 统计量为1.3395。对模型 I 回归方程的残差序列进行ADF 单位根检验，如表5－4结果所示，在1%的置信水平下，残差序列不存在单位根，即残差序列是平稳的，也就是说这个回归方程不是伪回归。因此，该回归模型（模型 I）可以较好地反映产业结构、区域经济结构、市场化、城镇化等结构性因素对劳动生产率的显著影响。

表5-4　　　　模型 I 回归方程中残差序列单位根检验

		t - Statistic	Prob. *
增强的 Dickey - Fuller 检验统计量		- 4.7653	0.0007
检验临界值	1% level	- 3.6793	
	5% level	- 2.9678	
	10% level	- 2.6230	

从模型 I 的回归结果来看，产业结构1代表第一产业产值与第二产

业产值比值系数为负，说明第一产业产值与第二产业产值比重越高，越容易引起劳动生产率下降。代表区域经济差距的锡尔系数的解释变量即区域差异回归系数值为正，也表明区域经济差异适度增加会带来劳动生产效率提高。市场化、城市化所代表的系列回归系数值均为正，表明非国有单位与国有单位人数之间比值越高，越容易带来劳动生产率增加；城乡人口比值越高劳动生产率也会越高，城乡人口比值增加，也会带来劳动生产率增加。

由模型 I 计量结果可知，在上述各种结构因素变动中，若要使劳动生产率提高 1%，第一产业产值与第二产业产值比值提高 1% 会对劳动生产率变动反向损失 35.53%；而市场化即非国有单位与国有单位人数之间比值提高 1%，会对劳动生产率正向变动贡献 15.90%；城市化即城乡人口比值提高 1%，会对劳动生产率正向变动贡献 65.54%；区域经济差距即锡尔系数提高 1%，会对劳动生产率正向变动贡献 54.09%。可见，通过城市化提高城市人口比重对于提高劳动生产率是最有效的，其次是区域经济差距的适度扩大有助于提高劳动生产率，非国有经济就业人数增加也会提高劳动生产率。而第一产业产值与第二产业产值比重增加会对劳动生产率产生负面影响，但第一产业产值与第三产业产值之比、第二产业产值与第三产业产值之比对劳动生产率影响不显著，造成这一结果的可能原因是我国服务业整体水平尚处在低端领域，而第二产业即工业制造业的附加值更高，因此，要实现产业结构高度化即提高服务业比重对劳动生产效率的影响，需要促进服务业由低端向更高端领域转变。非国有经济的比重提高会提高劳动生产效率，特别是民营经济一直是各类经济成分中最有效率的经济形式，因此应该加大力度支持民营企业发展，不断改革国有企业，提升国企的生产效率。对于区域经济差距，这一差距适度扩大有利于劳动生产率整体提高，毕竟区域经济生产效率与区域经济公平不可兼得，要提高劳动生产效率就有可能相对失去区域经济平衡发展。

综合 Granger 因果关系检验结果和模型 I 的计量结果可知，经济发展本身会带来劳动生产率的提升，但是要实现劳动生产率的更快增长，要特别注重加大力度促进农村人口向城市的流动，通过城市化促进劳动生产率提高；同时要重视在处理区域经济差距过程中，不能因为追求区域经济均衡发展而损失劳动生产率，而是在区域经济适度均衡条件下允许发达区域加快发展，而且应该充分考虑工业产业和服务业产业在区域经济中的结构性问题；推进非国有经济与国有经济之间的结构优化，加大国有企业改革力度，提高非国有经济的比重；在产业结构优化过程中，不断降低第一产业产值比重，提高第二产业产值比重，促进第三产业高端化；要以人为中心推进新型城镇化，配合工业化和信息化来提高社会生产率。其中，城镇化、工业化和信息化就是结构调整的过程，在这个以人为中心的结构调整中，基本原则是效率原则，而实现效率原则的最佳前提条件是劳动力等要素的自由流动以及对劳动者生产积极性的有效激励。

实质上，只从产业结构或所有制结构或城乡结构或区域结构单方面地进行经济结构调整，无法使经济结构达到一种合理的状态，结构优化是一个各种结构同时演进并达到均衡的过程。技术变迁决定了产业的演进过程，先进技术推动了工业化，工业化带动了城市化的发展，伴随着市场化改革进程，非国有经济快速发展，劳动力出现了从农业向工业、服务业流动，农村劳动力向城镇流动，国有单位劳动力向非国有单位流动，每一次劳动力大规模流动都带来了劳动生产率的提高。因此，当前我国提高劳动生产率，乃至提高全要素生产率的关键途径应该是结构性改革，通过结构性改革进一步促进劳动力流动，提高社会流动性，激发各个群体的劳动努力和生产积极性。

第四节 本章小结

我国在经济增速放缓、人口红利消失和要素成本提高的环境下，只有提高要素生产率，特别是提高劳动生产率，才能有效发挥中国人口数量巨大的优势，成功实现要素数量驱动向效率驱动方式转换。在劳动生产率提升过程中，最主要的问题是有效提高劳动者的生产积极性，而让劳动者从低效率部门进入高效率部门，这样的要素流动一定程度上会有效激励劳动者积极性。因此，在我国经济结构差距明显和不均衡的现有条件下，结构性改革必须让劳动力充分自由流动，对于存在过剩产能而且生产率落后的低效率部门，鼓励其劳动力转移到高效率部门中去，从而达到去产能、降库存的目的。在关于结构性因素影响劳动生产率提高的计量结果中，对于劳动生产率提高的贡献按照大小排列，依次是城镇化即城镇人口规模加大、区域经济适度均衡发展、市场化即非国有经济比重提高和产业结构优化，即三次产业中第二产业和第三产业所占比重提高。因此，结构性改革就是要通过有效促进城镇化、区域经济协调发展、产业结构高度化和市场化，促进劳动力流动并按照市场需求自由灵活地组建新的生产群体，激发生产积极性，从而提高劳动的产出效率。

同时，要让企业家可以根据自己对市场的判断独立作出生产决策，把经济自主权真正交到企业家手中，充分发挥企业家创新创造的动力和激励能力，在企业家激励下激发劳动要素资源的生产潜力，调动全社会生产的积极性，挖掘劳动力潜能，充分提高劳动生产率。在市场配置资源起决定作用的条件下，企业家可以自主选择进入不同的产业、不同的部门和不同的区域，从而带动劳动力自由流动，如此一来经济结构将发生实质性变化，由此有力推动结构性改革进程，提高中国供给侧生产能力。总结起来，中国需要把握经济发展的大逻辑，适应新常态，充分利用市场的力量，调动企业家群体的生产能力和生产积极性，依靠我国劳动人口数量多的实际优势，通过提高劳动力素质和技能，激发劳动力生产积极性，加大存在明显差距的不同效率部门之间的劳动力自由流动，不断调整和优化经济结构，最终推动我国供给侧结构性改革，促进劳动生产率有效增长。

第六章

知识溢出、技术进步和产业结构优化过程与劳动生产率提升

上文的理论分析表明，要素结构与要素质量决定产业结构与产业质量，产业素质决定产业的竞争力和价值链地位，因此只有提高生产要素质量，尤其是人的要素的质量才能提高要素流动性，从而提高生产积极性和要素生产率，最终提高产业链竞争力和价值链地位。因此，供给侧结构性改革有效推进的关键在于广泛使用知识、技术等高级要素，把知识、技术、数据和管理等高级要素的有效组合称作企业的经济势力，企业在生产经营中广泛使用高级要素并与一般性要素结合，全面提高要素质量、优化要素结构，通过形成新产业和新生产方式，例如数字经济、互联网经济等，带动劳动力及各种要素资源流动，激发劳动者积极性，通过数字经济、智能经济等新经济形式发展引领价值链重构和产业升级，切实提高企业在价值链中的经济势力和企业生产率，最终形成现代农业、现代工业和现代服务业等现代化产业快速发展，智能经济引领社会生产率增长的局面。

第一节　问题的提出

近年来中国服务业总量不断增大，产业结构趋于优化，2019 年全国第三产业增加值占 GDP 比重超过 50%，其中知识要素含量较高的服

务业细分行业诸如文化（图 6 - 1 显示我国文化产业中图书出版种数增长明显）、教育和科技服务（图 6 - 2 显示我国技术市场成交额近年快速上涨）等有明显的进展。

图 6 - 1　1978 ~ 2018 年全国图书出版种数

资料来源：《中国统计年鉴》。

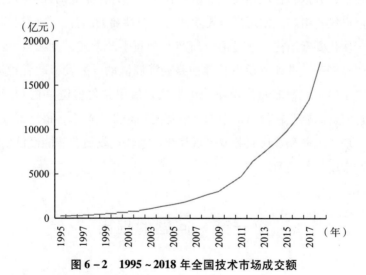

图 6 - 2　1995 ~ 2018 年全国技术市场成交额

资料来源：《中国科技统计年鉴》。

但与世界发达国家和新兴经济体，以及我国构建现代化经济体系和经济高质量发展的需求相比较，中国现代服务业发展仍明显滞后，多数城市服务业比重偏低，现代服务业中科教文卫等细分行业劳动生产率明显低于其他行业，如图 6-3 所示，教育、卫生和社会工作，文化、体育和娱乐业的人均营业收入处于较低水平，批发和零售业的营业收入最高，原因可能在于教育、卫生和社会工作是非竞争性服务业，而批发和零售业竞争程度高，竞争程度的高低不同导致劳动生产率出现较大差异，竞争程度越高服务业劳动生产率也越高。中国整体上已经进入后工业化时期（赵昌文等，2015），为了构建现代化经济体系与实现经济高质量更快发展，必须加快现代服务业高质量发展。

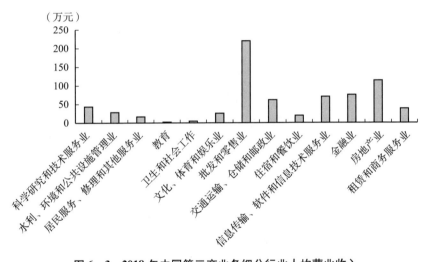

图 6-3　2018 年中国第三产业各细分行业人均营业收入

资料来源：第四次经济普查公报数据，本书进行了相应计算。

党的十九大报告明确提出要支持传统产业优化升级，加快发展现代服务业。2019 年 12 月中央经济工作会议明确指出要推动生产性服务业向专业化和价值链高端延伸，推动生活性服务业向高品质和多样化升级。2020 年《中共中央关于制定国民经济和社会发展第十四个五年规划和二〇三五年远景目标的建议》进一步提出要加快发展现代服务业，推动各类市场主体参与服务供给。随着知识和技术方面的进展，当前经济结构日趋服务化，服务业产值和就业人口在三次产业中所占比重越来越高，具有知识性特征的现代服务业在第三产业中所占比重越来越高，经济体未来的高质量发展将离不开现代服务业的劳动生产率提升。因此，从知识溢出和技术进步的视角思考如何促进现代服务业劳动生产率提高的问题，值得深入研究。

我国中小微企业数量众多，其中近 80% 存在于服务业，但多数小微企业存活时间过短、容易倒闭，很大部分原因在于这些企业主的知识不够，企业存续时间过短使得劳动力等资源无法在一个竞争性市场环境下持续稳定地发挥作用，影响了劳动生产率增长。同时，现代服务业作为一个知识密集型特征突出的产业，知识溢出和知识增长应是推动现代服务业劳动生产率增长的有效途径，基于此，本章从小微企业主群体知识增长及其带来的技术进步这一视角考虑如何发展现代服务业。创新与研究意义在于：（1）选择主要从知识溢出视角探讨影响现代服务业劳动生产率增长的因素，不仅理论上契合与发展了服务业相关最新理论，而且实践中也为改变中国长期以来服务业劳动生产率低下问题提供了一个有益思路。（2）在实证数据选取上，搜集了 2000~2018 年 30 个省际地区的相关数据，利用图书出版物种数度量知识溢出、技术市场成交额度量技术进步，构建面板数据模型分析知识溢出、技术进步对于服务业劳动生产率增长的影响，特别探讨了小微企业的企业主知识增长、技术进步对于服务业劳动生产率增长的影响，实证结果使本书结论更具新意。（3）从现代服务业劳动生产率增长的视角展开研究，对于经济结构服务化趋势下的中国如何发展现代服务业、建设现代化经济体系、促进中国经济高质量发展，具有重要参考价值。

第二节　相关文献综述

关于现代服务业，西方学者倾向于使用"知识型服务业"（KBSI）

或"知识密集型商业服务"（KIBS）概念[①]，他们认为服务业的重要性远超生产率的范畴，服务业就是增长的前提条件[②]，例如有效率的银行系统、物流系统、保险与通信业等，日益成为经济增长必不可少的条件。很多学者都关注服务业生产率高低与经济增长之间的关系（Triplett and Bosworth，2003；Marota and Rubalcaba，2008；O'Mahony and Ark，2003）。

劳动生产率较高的产业所占份额较大是产业结构高度化的本质，产业结构优化过程必须切实提高服务业劳动生产率。服务业能否带动经济长期增长，取决于服务业劳动生产率提高的速率（江小涓，2008）。发达国家经验表明现代服务业劳动生产率越高，服务业就能自然发展得越好（Wolfl，2003；Drake–Brockman，2011；中国经济增长前沿课题组，2015）。发展服务业需要不断提高服务业自身劳动生产率。然而，著名的鲍莫尔–富克斯假说（Baumol，1967；Fuchs，1968）指出服务业劳动生产率增长滞后。中国可能存在"结构性减速"，其原因可能在于经济服务化与服务业生产率低（袁富华，2012；杨天宇等，2015），实质上服务业中不同细分行业劳动生产率水平高低不同（凌永辉、刘志彪，2018），有学者甚至认为我国服务业生产率并不低（庞瑞芝等，2014）。服务业包括可标准化和不可标准化两种类型，不同类型的服务业中影响劳动生产率的因素各有不同（江小涓，2011）。中国服务业新增的大量劳动力受教育程度较低，劳动力异质性导致了服务业劳动生产率下降（王燕武等，2019），劳动力在不同部门之间的转移对服务业劳动生产率存在重要影响（Oulton，2001；Sasaki，2007）。中国服务业各细分领域的相对密集度（程大中等，2005）、制造业服务外包（原毅军等，2009）、服务业集聚（孙浦阳等，2013；惠炜等，2016）等因素对服务业劳动生产率都产生了重要影响。张月友等（2018）认为发展服务业、进行结构调整是推动经济高质量发展的持续动力。

[①] 这一概念内含着知识的重要性。

[②] United Nations Conference on Trade and Development Secretariat. Services and the Development Process ［R］. New York：United Nations，1985：vi，12.

有关服务业的特点，张建华等（2019）指出服务产出具有无形性和高度差异性特点，尤其是生产性服务业还具有知识技术密集性、报酬递增性和高进入壁垒性等特征。沈能（2013）认为与制造业的劳动或资本密集型比较，服务业企业更属于知识密集型，知识溢出可能更适合解释服务业的发展。林民书等（2005）指出服务业生产与消费的同步性决定服务业的生产经营过程需要保持生产要素的高度流动性。夏杰长和谭洪波（2019）指出相对于制造业，服务本身的无形性、难以储存性和消费使用的即时性决定了服务业是一种合同密集型行业。余泳泽等（2019）则认为计算机技术的进步推进了服务业发展，部分生产性服务业突破了同步性限制而逐渐形成可标准化、规模化、可外包生产等特点。朱民（2020）指出中国服务业所占份额不断提高，其中像金融、物流等竞争型服务业劳动生产率较高，而教育、医疗等非竞争型服务业劳动生产率较低，提高服务业劳动生产率有必要推动非竞争型服务业市场化①。

中国社科院经济研究所经济增长理论研究室主任袁富华教授及其课题组从现代服务业的知识性特征角度长期致力于经济结构服务化过程中效率改进路径的研究。袁富华等（2016）认为经济服务化以知识过程为核心，最根本内容是基于知识和高层次人力资本要素积累的消费结构升级和服务业品质提升，其中消费结构升级通过人力资本提升和知识创新提升效率，高效率模式中消费比投资具有更大的效率促进能力。袁富华（2016）进一步认为经济结构服务化的基础是以人力资本增进为核心的劳动力再生产，知识生产过程是一种基于个体交往互动的知识结构的重构过程，拥有不同知识结构的个体通过相互启发引发知识创新，而知识多样性有利于更加具有创新性的知识过程。服务业新业态的出现，可以提取联合认知中的默认知识，使之显性化转化为生产率，知识过程将有助于消除鲍莫尔成本病和避免抽租模式发生。袁富华和张平

---

① 朱民，新突破，新起点，未来如何迈向高收入阶段？[N/OL]//中国经济大讲堂，中央电视台财经频道官网，https：//tv.cctv.com/2020/03/13/VIDEp8lghILD9lmVg1H712Ah200313.shtml.

（2018）认为经济效率的不断改进需要知识技术阶层的再生产来支撑，发达国家的中产阶层和拉美国家的中产阶层的区别，突出表现在专业技能和知识拥有及其积累上。袁富华和张平（2019）指出小企业的发展在城市化阶段越来越表现出与大企业发展的同等重要性，小企业的作用是捕捉异质性机会和稳定就业，促进小企业发展是培育经济活力和创业精神的重要途径。袁富华等（2020）指出工业化后期的服务业越来越具有知识再生产的功能。

现有文献对服务业劳动生产率增长的研究对于推动现代服务业发展产生了重要影响，但多数文献并没有结合现代服务业的知识密集型等特征，从企业主与劳动力知识与能力增长的角度，考虑如何提高服务业劳动生产率。实质上，进入后工业时期的中国要大力发展现代服务业，需要保持生产要素的高度流动性以破解服务业发展的瓶颈。结构性改革的关键在于通过结构性变动和优化，带动劳动等各种要素流动，通过重组新的生产群体实现员工动机和行为的一致，激发劳动者积极性。劳动者接受教育越多和知识拥有量越多，以及拥有企业经营管理知识和专业技术知识的企业家群体大量存在，可以减轻制约劳动力流动因素的影响，扩大劳动力流动的范围，知识随劳动力流动而发生溢出，从而促进劳动生产率不断增长。

经济高质量发展的一个核心内涵是生产效率特别是劳动生产率不断增长。我国约80%的小微企业存在于服务业，正如徐现祥（2019）指出2018年在中国第三产业存在的市场主体即企业数量达到了约80%。而这些小微企业因为知识不足，存活时间较短、易于倒闭，没有充分发挥劳动等要素的作用，不能更好激发劳动者积极性，制约或阻碍了劳动生产率提升的过程。本书认为解决小微企业存活时间过短的问题，有必要促进小微企业主知识增长，通过知识增长把大量小微企业主培养成为企业家，而企业家密集地存在于现代服务业有助于不断开拓新的服务领域和创办新的服务企业，从而推动服务业向分工深化、专业化和精细化方向发展，促进劳动生产率提升。正如袁富华和张平（2019）所言，经济结构服务化和现代服务业快速发展的大趋势下，我们要充分重视小企业的作用。在构建有利于小企业发展的技术生产体系的同时，应该大力构建小企业主与大企业家之间的知识共享体系，促进企业家知识向小企业主的溢出，从而促进现代服务业技术进步和劳动生产率提升。

第三节　知识溢出与技术进步影响现代服务业劳动生产率提升的理论机制

参照安东尼奥和罗伯特（Antonio and Robert，1996）模型、中国经济增长前沿课题组（2015）构建的知识外部性模型，本章认为传统的资本要素和劳动要素的投入组合（用 C – D 函数 $Y = AL^{\alpha}K^{\beta}$ 表示）对总产量水平起直接作用，而在中国经济增长前沿课题组（2015）构建的新生产函数中知识要素和技术要素主要对人均产量水平起直接作用，带来了劳动生产率的提高。在工业化向经济服务化转变的过程中，生产主体的角色更多地转变为知识消费主体，人均水平提高直接促进对知识需求的增加。新生产函数由知识部门和技术部门相结合，实现了生产效率（即人均水平）的增长。

知识部门主要生产知识产品，假定知识部门的生产函数为式（6 – 1）：

$$P_{knowledge} = AH^{\alpha}K^{\beta}, \quad \alpha + \beta = 1$$
$$= A(hl)^{\alpha}K^{\beta}$$
$$P_{knowledge} = Ah^{\alpha}l^{\alpha}K^{\beta} \qquad (6-1)$$

其中，$P_{knowledge}$ 为知识部门的知识产品，其生产函数为规模报酬不变。H 为知识产品生产部门的知识投入总量，即总知识资本投入 $H = hl$，其中，h 和 l 分别为知识产品生产部门的人均知识资本和知识产品生产部门的劳动力；α 和 β 分别为知识资本和物质资本在知识产品生产中的产出弹性系数。

由于知识产品具有外溢性，知识溢出会改变社会经济中的知识产品量，可得最终可供使用的知识产品量为式（6 – 2）：

$$P_K = BP_{knowledge}^{\gamma} \qquad (6-2)$$

其中，γ 为知识溢出指数，其值将受到知识共享程度、知识产业发展程度及知识产品的消费偏好等因素影响，例如在现代服务业不断发展的后工业经济时代，知识应用比农业经济时代、工业经济时代更为广泛，会推动知识外溢。

由式（6-1）和式（6-2）得到式（6-3）：

$$P_K = BA^\gamma h^{\alpha\gamma} L^{\alpha\gamma} K^{\beta\gamma} \tag{6-3}$$

由式（6-3）可得如式（6-4）的人均知识产品生产函数：

$$P_K/L = BA^\gamma h^{\alpha\gamma} L^{\alpha\gamma-1} K^{\beta\gamma}$$
$$= BA^\gamma h^{\alpha\gamma} K^{\beta\gamma}/L^{1-\alpha\gamma} \tag{6-4}$$

假定式（6-5）：

$$\beta\gamma = 1 - \alpha\gamma \tag{6-5}$$

由式（6-4）和式（6-5）可得到如式（6-6）的人均资本存量表示的人均知识产品生产函数：

$$p_k = BA^\gamma h^{\alpha\gamma} k^{\beta\gamma} = A_T k^{\beta\gamma} \tag{6-6}$$

其中，$p_k = P_K/L$，$k = K/L$，$A_T = BA^\gamma h^{\alpha\gamma}$。式（6-6）为人均资本量的最终知识产品总的生产函数，其函数的凹凸性不仅取决于 β 而且取决于知识产品生产外溢指数 γ。技术部门的生产函数为式（6-7）：

$$P_G = A_G L^\alpha K^\beta \tag{6-7}$$

其中，P_G 为技术部门生产的产品，A_G 为技术部门生产的产品的技术水平，L 和 K 分别为投入技术部门劳动量和资本量。α 和 β 分别为劳动力和物质资本在技术部门生产函数中的产出弹性系数。

由式（6-7）可得到式（6-8）：

$$p_G = A_G K^\beta/L^{\alpha-1} \tag{6-8}$$

其中，$p_G = P_G/L$ 为人均技术部门产品。若 $\alpha+\beta=1$，则可得到人均资本存量的人均技术部门的生产函数为式（6-9）：

$$p_G = A_G k^\beta,\ 0<\beta<1 \tag{6-9}$$

式（6-9）为人均资本存量的人均技术产品的生产函数，其函数的凹凸性仅取决于 β。由式（6-6）和式（6-9）可得到如式（6-10）和式（6-11）的边际产出：

$$\partial p_k / \partial k = \beta A_T k^{\beta\gamma - 1}, \ 0 < \beta < 1, \ \gamma > 0 \qquad (6-10)$$

$$\partial p_G / \partial k = \beta A_G k^{\beta - 1}, \ 0 < \beta < 1 \qquad (6-11)$$

知识产品和技术产品这两部门边际产出相等时，由式（6-10）、式（6-11）可得到式（6-12）：

$$\partial p_k / \partial k = \beta A_T k^{\beta\gamma - 1} = \partial p_G / \partial k = \beta A_G k^{\beta - 1} \qquad (6-12)$$

由式（6-12）可得式（6-13）：

$$k^* = \left(\frac{A_G}{A_T}\right)^{\frac{1}{\beta(\gamma - 1)}} \qquad (6-13)$$

把通解式（6-13）代入式（6-6），可得式（6-14）：

$$p_k^* = A_T^{\frac{1}{1-\gamma}} A_G^{\frac{\gamma}{\gamma - 1}} \qquad (6-14)$$

由式（6-14）可知，均衡条件下人均知识产品量大小由技术部门生产函数技术系数 A_G、知识产品生产部门技术系数 A_T、知识产品外溢指数 γ 等决定。

知识生产部门的知识外溢会导致技术部门技术进步还是萎缩，是决定现代服务业劳动生产率提升与否的决定性条件。如果知识生产部门的知识外溢导致技术部门的技术水平进步，必然会带来现代服务业劳动生产率提高，否则，有可能造成现代服务业劳动生产率增长停滞。知识生产部门不断倒逼技术生产部分进行技术创新，否则，技术生产部门将会不断萎缩，从而退出市场。这就是知识生产部门以其外溢性，提升技术水平、过滤掉低层次产业结构，促进整体经济结构优化升级的机制。知识部门和技术部门两部门模型以知识溢出、技术进步作为促进服务业劳动生产率增长的核心要素，这样的生产函数对于工业化中后期存在明显经济结构服务化趋势的中国经济来说，毫无疑问具有很强的指导意义。知识消费本身也是知识生产，服务业结构的升级与服务业的发展应该特别注重有利于效率改进的教育、研发、知识、信息、产权等部门的杠杆作用，这些以"知识要素生产知识要素"的部门大力发展是经济结构服务化的主线。

实质上，知识部门通过知识外溢到技术部门提高了技术水平，而技术水平的提高会加大对知识生产的需求。同时，广义知识资本的积累和消费作为知识生产过程会扩大知识部门的规模。然而，知识部门如何把知识有效外溢到技术部门、广义知识资本如何有效积累，探索实现这一过程的具体路径对于经济结构服务化背景下经济高质量发展来说具有明显的实践意义，而且这将是经济增长一个持续的内生动力。我们认为，企业家群体的知识资本、经营管理知识和专业技术知识的积累，是实现这一具体过程的关键。因为，当前阶段绝大多数（近80%）企业主体存在于服务业，而现代服务业具有明显的知识性特征，服务业领域大量小微企业主的知识禀赋决定了服务业的竞争性、劳动要素配置的市场化程度、服务业乃至整个经济的劳动生产率。

因此，我们认为知识溢出过程要特别重视企业家知识（主要包括管理性知识与专业知识）的外溢。具体地说，第一，知识溢出过程中最有效的部分可能在于企业家知识向小微企业主和管理者的溢出，也包括企业家专业知识向企业员工的溢出。小微企业对现代服务业发展越来越重要，提高现代服务业内部大量小微企业主和密集存在的劳动者的知识，有助于提高服务业竞争程度。这个知识溢出过程也为把劳动力重组为新的生产群体从而实现员工动机和行为的一致并激发劳动者积极性创造了有利条件。第二，服务业生产与消费的同步性决定了服务业的生产经营过程需要保持生产要素的高度流动性，这一同步性特点制约了服务业的发展。但知识和技术的最新发展使部分高端生产性服务业突破了同步性的限制，未来要进一步通过知识和技术发展，把服务业生产经营过程及其经验打包为可传递知识，从而突破服务业生产与消费的时空同步性限制，为此要加快加大相关知识出版物出版和发行的规模。第三，通过知识分类的细化推动知识外溢与传递。服务业作为一个形态与类型多样的产业，很多服务业方面的有关概念尚显粗略，把这些概念精细化，通过把知识进一步细化分类，促进现代服务业分工深化、结构升级与消费升级，以便服务业出现的新业态提取联合认知中的默认知识，使之显性化并转化为生产率。

传统的资本要素和劳动要素投入组合（用 C – D 函数 $Y = AL^{\alpha}K^{\beta}$ 表

示）对总产量水平起直接作用，而在本章的理论框架下，我们认为知识要素和技术要素主要对人均产量水平起直接作用，也就是说，知识部门和技术部门结合而成的新生产模式实现了生产效率（即人均水平）的提高。在总量生产函数 $Y = AK^{\alpha}L^{\beta}$ 满足规模报酬不变条件下，由此可得人均生产函数为 $y = Ak^{\alpha}$。人均产出 y 由生产效率 A 与人均资本 k 及其产出弹性 α 决定。其中，生产效率 A 主要由知识要素和技术要素两者实现，A 是知识部门与技术部门两者结合而实现的结果，A 也是具有效率意义的人均产出（y）的决定性因素，可以说劳动生产率的提高主要通过 A 得以实现。因此，知识生产部门的知识生产和技术部门的技术进步，是决定服务业劳动生产率提升的两个主要决定性因素。基于这一理论假说，以下部分使用数据实证分析知识溢出与技术进步对于服务业劳动生产率提高的影响。

第四节　知识溢出与技术进步影响现代服务业劳动生产率提升的实证分析

一、样本说明与变量的描述性统计

在以上理论分析的基础上，本章考虑使用图书出版物数量度量知识增长、技术市场成交额度量技术进步水平作为核心解释变量分析其对被解释变量服务业劳动生产率的影响。被解释变量主要选择服务业劳动生产率及其增长率、第三产业产值等数据系列。知识会溢出到通用技术部门，知识增长会提高通用技术部门的技术水平，两者对劳动生产率都有重要影响。因此，作为核心解释变量，其一，用图书出版物来度量知识溢出或知识增长。现代服务业知识性特征明显，现代服务业发展具有知识依赖路径特征，知识型现代服务业提高劳动生产率的一个重要手段是把知识打包为可以传递的对象，图书出版作为一种重要的知识传播手段，一定程度上显示了知识传递和溢出的作用；从一个较宽泛的视角看图书出版物增长包括了隐性知识的显性化过程、全社会知识总量的增长等方面，图书出版物增长可以近似代表知识溢出或知识增长。其二，用技术市场成交额来度量技术水平。在《中国科技统计年鉴》《中国统计年鉴》中，技术市场成交额一定程度上反映了科技支撑经济、科技服务经济的情况和科技活动的成效，技术市场成交额实质是科学技术在市场实际应用中所形成的市场价值。技术市场成交额与研发人员全时当量、发明专利申请受理数、研发应用研究经费支出、科技成果登记数等一样，都是表示科技情况的有力变量。当前，我国的经济服务化趋势明显，为提高经济发展质量，必须大力提高现代服务业比重，相比传统服务业，现代服务业更强调知识和技术的应用，因为知识和技术的广泛应用，现代服务业比传统服务业具有更高的劳动生产率。通过产业结构优化和升级实现生产效率提高就必须大力发展现代服务业，突出技术和知识在现代服务业中的应用。技术市场成交额在一定程度上反映了科学技术服务经济发展的程度，现代服务业的技术密集型特征突出了技术对于经济活动的服务性质，因此，在现代服务业需要大力发展的背景下，技术水平用技术市场成交额来度量相比于专利数等其他指标更注重技术的服务性质，在本章研究中更具有可取性。

在上述变量之外，为了避免因遗失变量而导致的内生性问题，本章还在分析中加入城镇化水平、经济发展水平、产业结构、劳动力流动性、市场竞争性和财政支出水平等作为控制变量。变量的统计性描述特征如表 6 - 1 所示。

本章选取 2000 ~ 2018 年中国大陆 30 个省（自治区、直辖市）面板数据进行计量分析（西藏由于部分数据缺失而略去）。上述各个变量的原始数据来源于各省（自治区、直辖市）历年统计年鉴，以及《中国统计年鉴》《中国文化及相关产业统计年鉴》《中国第三产业统计年鉴》《中国劳动统计年鉴》《中国科技统计年鉴》和各地统计公报等，本章进行了相应的计算和整理。

表6-1   模型变量统计性描述

变量性质	变量符号	变量名称	处理方法	均值	最小值	最大值
被解释变量	sergdp	第三产业产值	地区第三产业增加值（亿元）	6234.5	54.4	54710.4
	sergdp2	第三产业产值折算值	地区第三产业增加值用第三产业增加值指数（2000=100）折算	2226.2	129.2	9875.5
	avesergdp	第三产业劳动生产率	地区第三产业产值除以第三产业就业人数（万元）	6.77	1.08	28.01
	avesergdp2	第三产业折算后的劳动生产率	地区第三产业产值折算值除以第三产业就业人数（万元）	2.363	0.970	6.966
	avesergdp3	第三产业劳动生产率对数值	$avesergdp3 = \log(avesergdp)$	1.675	0.0802	3.3326
核心解释变量	publ	知识增长	图书出版物种数（种）	8332.8	148	167942
	tech	通用技术	技术市场成交额（亿元）	192.2	0.19	4957.8
控制变量	urba	城市化水平	城镇人口占各地总人口的比重（%）	0.526	0.207	0.896
	comp	市场竞争性	私营企业法人单位数（个）/地区GDP（亿元）	0.1090	0.0351	0.2487
	avegdp	经济发展水平	人均生产总值（万元）用人均国内生产总值指数（2000年=100）折算	12160.1	2759	34668.3
	stru	产业结构	第二产业产值/第三产业产值	1.09	0.199	2.012
	fina	地方财政	一般预算支出（亿元）	2505.58	59.97	15729.3
	liqulab	第三产业劳动力流动性	第三产业新增就业人员（万人）	29.13	-191.9	313.2

二、模型构建与实证结果分析

本部分使用省际面板数据检验知识生产与技术对于服务业劳动生产率的影响。首先对面板数据进行单位根检验，结果显示数列不存在单位根，说明数据具有平稳性。在此基础上进行协整检验，协整检验结果表明变量之间存在着长期稳定的均衡关系，因此可以在此基础上进行回归。在面板数据模型形式的选择上，通过采用 F 检验和 Hausman 检验决定选用固定效应模型还是随机效应模型。模型设定如式（6-15）所示：

$$Y_{it} = \alpha_0 + \alpha_1 publ_{it} + \alpha_2 tech_{it} + \lambda_j \sum_{i=1}^{n} contrl_{it} + \delta_i + \mu_t + \varepsilon_{it}$$

$$(6-15)$$

其中，i 表示中国大陆 30 个省（自治区、直辖市），t 表示年份。在式（6-15）中，Y 是被解释变量，在不同的回归方程中分别代表 $sergdp$、$sergdp2$、$avesergdp$、$avesergdp2$ 和 $avesergdp3$。各个变量名详见表 6-1。控制变量（$contrl_{it}$）具体包括城市化水平（$urba$）、经济发展水平（$avegdp$）、产业结构（$stru$）、地方财政（$fina$）、市场竞争性（$comp$）和第三产业劳动力流动性（$liqulab$）。城市化水平使用各省份或直辖市的城镇人口比总人口；经济发展水平用各省份或直辖市的人均 GDP；产业结构用各地区第二产业产值比第三产业产值；地方财政用各省份或直辖市的一般预算支出；市场竞争性用地区私营企业法人单位数除以地区 GDP 即每亿元 GDP 的私营企业法人单位数；第三产业劳动力流动性用第三产业新增就业人员数表示。核心解释变量知识增长（$publ$）和通用技术（$tech$）分别使用各地区的图书出版物种数和技术市场成交额及其对数值替代。被解释变量包括第三产业劳动生产率（$avesergdp$）即用各地区的第三产业产值除以第三产业就业人数得出、第三产业产值（$sergdp$）及其折算值和增长率等。

首先通过使用第三产业增加值指数（2000 年 = 100）对各地区第三产业产值进行折算，然后计算第三产业劳动生产率（即用第三产业产值折算值除以第三产业就业人数）及其增长率。从第三产业劳动生产率折算值的增长率数据系列来看，均值为 0.606%，最小值为 -37.91%，最大值为 51.08%，变异系数（CV）为 12.46。这说明我国省级地区的服务业劳动生产率真实值增长率差异较大。本章还计算了各省级地区在 2001~2018 年第三产业劳动生产率真实值增长率平均值，其中有 14 个省（自治区、直辖市）此期间的第三产业劳动生产率真实值增长率均值为负。限于篇幅本章未列出。这些数据进一步表明未来我国各省在快速发展服务业过程中必须注重提高服务业劳动生产率。

利用 Stata 软件，根据式（6-15）所设定模型对省际面板数据进行回归，计量结果如表 6-2 所示。

表 6-2　　　　　　　　　计量结果（2000～2018 年）

解释变量	被解释变量				
	sergdp（第三产业产值）	sergdp2（第三产业产值折算值）	avesergdp（第三产业劳动生产率）	avesergdp2（第三产业产值折算后的劳动生产率）	avesergdp3（第三产业劳动生产率对数值）
	①	②	③	④	⑤
publ	0.1854 (0.01786) ***	0.002465 (0.00124) **			
tech	12.3094 (0.6653) ***	0.07978 (0.06166)			
ln(publ)			0.69450 (0.36432) *	0.10286 (0.05324) *	0.03803 (0.0211) *
ln(tech)			2.2306 (0.2066) ***	0.09627 (0.02985) ***	0.09299 (0.01478) ***
控制变量					
urba		-4209.54 (538.14) ***			5.7822 (0.33533) ***
avegdp		0.10888 (0.0099) ***			
comp			-14.1784 (4.4919) ***	1.40666 (0.6693) **	
stru	-7170.718 (846.69) ***	-472.47 (79.64) ***			-0.084 (0.0389) **

续表

解释变量	被解释变量				
	$sergdp$（第三产业产值）	$sergdp2$（第三产业产值折算值）	$avesergdp$（第三产业劳动生产率）	$avesergdp2$（第三产业产值折算后的劳动生产率）	$avesergdp3$（第三产业劳动生产率对数值）
	①	②	③	④	⑤
$fina$		0.2405 (0.1253) ***			0.00000165 (0.00000134)
$liqulab$	6.7375 (5.3153)				
常数值	11078.14 (1077.8) ***	2707.7 (284.56) ***	−4.3142 (3.2002)	0.98397 (0.4885) *	−1.72839 (0.18663) ***
R^2（within）	0.5956	0.8884	0.5695	0.1706	0.8971
R^2（between）	0.1276	0.8018	0.3998	0.2851	0.7193
R^2（overall）	0.2232	0.6851	0.4169	0.2637	0.6499
F 检验值	39.27		58.12	4.55	60.26
Wald 检验 P 值		0.0000		0.0002	
Hausman 检验值（P 值）	358.39 (0.0000)	$\chi^2 = -1.10$	10.40 (0.0342)	$\chi^2 = -8.35$	78.66 (0.0000)
观测值	449	390	210	210	389
组数	30	30	30	30	30
备注	FE	RE	FE	RE	FE

注：（1）括号中的数字为标准差；（2）*、**、*** 分别表示显著性水平为10%、5%、1%；（3）FE 估计的 Hausman 检验的零假说是 FE 与 RE 估计系数无系统性差异；（4）χ^2 为负时取随机效应。

从中国 30 个地区面板数据的计量结果模型①～模型⑤来看，由图书出版物种数（$publ$）度量的知识增长和溢出、技术市场成交额（$tech$）度量的技术水平，无论对第三产业产值还是第三产业劳动生产率都有正向作用。在模型③和模型④中，我们通过加入了控制变量市场竞争性（$comp$）即每亿元 GDP 私营企业法人单位数，计量结果显示私营企业法人单位数所代表的市场竞争性对折算后的第三产业劳动生产率有明显的正向作用，但对于未经折算的第三产业劳动生产率存在反向作用。这一结果说明了私营企业数量对于第三产业劳动生产率名义产值的增长带来负面影响，可能是因为私营企业多数是小企业，存在经营不稳的典型特征，存续时间短和企业过快倒闭使得劳动力资源没有得到充分利用，造成了与劳动生产率增长的负相关关系。而折算后第三产业劳动生产率的真实值与私营企业法人单位数正相关关系则表明，市场中大量存在的小企业充分地提高了市场的竞争性，实质性地提高了第三产业真实劳动生产率。

在模型①和模型②中，作为核心解释变量，知识增长和溢出（*publ*）、技术水平（*tech*）对于被解释变量第三产业产值及其折算值都有显著正向作用。作为控制变量，由第二产业产值比第三产业产值表示的产业结构（*stru*）对于被解释变量的作用为负，这一结果说明降低第二产业产值与第三产业产值比重有助于提高服务业产值和服务业劳动生产率。作为控制变量，用第三产业就业人数新增量表示的劳动力流动性（*liqulab*）对被解释变量的正向作用并不显著，可能原因在于第三产业新增就业人数中大量劳动力主要是受教育程度较低的劳动力（王燕武等，2019），他们的知识拥有量较少，掌握的技术水平较低；城镇化（*urba*）对于第三产业产值影响和第三产业劳动生产率影响方向不同，其中作为服务业聚集的一个过程城镇化水平提高有助于服务业劳动生产率提升；此外，人均 GDP 代表的经济发展水平越高和地方财政一般预算支出的增加都有助于提高服务业产值和服务业劳动生产率。

第五节　知识溢出与技术进步影响现代服务业劳动生产率提升的中间机制检验

基于以上关于知识溢出、技术进步和服务业劳动生产率增长关系的理论分析和实证检验，可以看出知识溢出通过影响小微企业的技术进步和生产能力带来了服务业劳动生产率的变化。知识增长通过技术进步影响了服务业劳动生产率增长，存在中间机制或效应。这一部分将使用1995～2018年国家时间序列数据来检验这种中介效应见表 6 – 3。中介效应是指自变量对因变量影响的中介效果，通过一种内在机制实现了自变量对因变量的影响作用。

表 6 – 3　　　　　　中介效应检验结果（1995～2018 年）

步骤	回归系数及 Z 值	publ	tech
式（6 – 16）	C_1	1. 459 （0. 2402）***	
式（6 – 17）	C_2	2. 403 （0. 4265）***	
式（6 – 18）	C_3	0. 8826 （0. 2681）***	
	C_4		0. 2399 （0. 1112）***
Sobel 检验结论	Z 统计值	$Z = \dfrac{c_2 \times c_4}{\sqrt{c_2^2 SEc_4^2 + c_4^2 SEc_2^2}} = 2.015$	

注：（1）括号中的数字为标准差；（2）*** 表示 t 检验显著性水平为 1%；（3）SEc_2、SEc_4 分别为系数 C_2 和 C_4 的标准误差，即 $SEc_2 = 0.4265$；$SEc_4 = 0.1112$。

为此，参照温忠麟等（2004）关于中介效应的检验方法，构建如式（6 – 16）～式（6 – 18）的回归方程：

$$avesergdp = \alpha_0 + c_1 publ + \varepsilon_1 \qquad (6 – 16)$$

$$tech = \lambda_0 + c_2 publ + \varepsilon_2 \qquad (6 – 17)$$

$$avesergdp = \mu_0 + c_3 publ + c_4 tech + \varepsilon_3 \qquad (6 – 18)$$

在式（6 – 16）、式（6 – 17）和式（6 – 18）中，avesergdp、publ 和 tech 分别代表第三产业劳动生产率、图书出版物种数和技术市场成交额三个变量。样本为全国 1995～2018 年相关数据，数据来源于历年《中国统计年鉴》和《中国科技统计年鉴》，其中第三产业劳动生产率用第三产业产值除以第三产业就业人数得出。回归过程中使用三个变量的对数值，对各个变量的平稳性检验结果显示，$\ln(avesergdp)$、$\ln(publ)$ 和 $\ln(tech)$ 数列是平稳的。回归结果如表 6 – 3 所示，回归系数 C_1、C_2、C_3 和 C_4 都在 1% 的水平显著，按照温忠麟等（2004）关于中介效应的检验方法，结果表明存在中间机制或中介效应。Sobel 检验的 Z 统计值为 2.015 大于临界值，说明中介效应显著。

这种中介机制就在于，知识生产部门的活动会增长知识，并把知识外溢到技术部门而提高技术水平，同时技术进步会推进知识在生产中的应用。在知识性特征明显的现代服务业中，知识生产和知识消费具有鲜明的一体性特征，作为一种消费过程，人们在阅读图书等出版物时，实质也在提高作为生产者个体的知识含量，无论这种知识是关于生产技术方面的，还是与技术无关的其他知识。随着知识的积累可能会产生有助于新技术诞生的思想，总体上来看，这些知识有可能是技术体现型，也有可能是非技术体现型的，但从生产方式和技术变迁的长期过程来看，知识增长确实推进了技术进步，并由此而带来了生产率的实际增长。正如袁富华等（2016）所言，如果在工业化过程中缺失有远见的内生动力（即知识过程）的培育，就会出现效率改进路径受阻的问题，发达经济的结构服务化阶段，服务业实际上充当了经济增长的先决条件，知识部门充当了高效率模式运转的先行部门。如果服务业作为知识生产配置载体的作用不能得到充分发挥，城市化和结构服务化过程仅仅是低素质的人口转移与流动，即从农村迁移到城市的初级劳动力从事小商小贩，集中在非正式服务业部门就业，劳动密集服务业作为低素质劳动者就业蓄水池而存在，那么知识生产的过程无法实现，也就无法促进知识资本升级和服务业结构升级，难以实现知识的溢出过程，高效率模式的重塑因此而无法实现，从而现代服务业劳动生产率增长停滞将导致经济增长停滞。因此，服务业的发展不能以初级劳动力转移吸纳为导向，而应该把提高要素生产的知识密集度作为经济服务化的核心，把大力发展科教文卫这些知识性特征明显的产业作为服务业结构升级的方向，现代服务业就是高技能和高知识密集度的劳动服务的物化过程。显而易见，图书出版等这些知识过程将通过提高劳动者的知识与技术水平而有助于消除服务业中的鲍莫尔成本病。

第六节　本章小结

服务业劳动生产率是一个理论界高度关注的问题，然而就知识溢出和知识增长对于现代服务业劳动生产率影响的相关研究还不够，袁富华等从现代服务业的知识性特征角度开创性地研究中国经济结构服务化过程中效率改进的路径，但没有实证数据支撑。本章把小企业主知识增长作为考虑知识增长通过推进技术进步带来劳动生产率提高的切入点，使研究有更深层次的实践意义。基于我国30个省份2000～2018年面板数据，实证分析知识溢出与技术进步对于服务业劳动生产率增长的影响。研究结论和由此得到的启示主要包括：（1）以私营企业为主体的小企业对于服务业发展与劳动生产率提升的作用值得高度重视。实证结果显示，小企业经营不稳、知识拥有量较低，可能在短期对劳动生产率增长产生不利影响，但长期来看，小企业通过学习、积累知识并大量存在可以提高服务业市场竞争性。因此通过有效知识外溢、针对小企业主出版尽可能多的管理或经营方面的图书等出版物，提高小企业主的知识量，有助于服务业劳动生产率增长。（2）知识溢出或增长对于劳动生产率提高存在显著的中介效应，知识溢出影响服务业劳动生产率提高需要一个过程，要重视知识溢出通过改进技术水平和扩大技术服务市场对服务业劳动生产率增长产生的中间效应。（3）城镇化和产业结构优化不能仅仅是转移初级劳动力，在城镇人口聚集、第三产业就业人口增长的过程中要注重劳动力知识的有效增长，否则不利于服务业劳动生产率的提高。（4）知识增长和溢出的过程在现代服务业领域和后工业化发展阶段更为明显，在当前现代服务业快速发展阶段，为避免成本病和抽租模式发生，需要大力推进知识在小企业主群体之间的共享与溢出，提高小微企业主的知识和能力，为现代服务业发展培养和完善企业家市场，从而提高现代服务业的竞争程度、提高劳动力重组的可能性和劳动力的流动性，最终实现现代服务业劳动生产率的有效增长。

第七章

基于管理要素激励功能的劳动生产率
提升过程：经验分析与理论解说

　　差距过大形成的经济增长势能最终会影响生产要素效率的提升，由于具有主观能动性的劳动要素没有充分发挥作用，对于具有巨大激励潜能的劳动要素来说，个体收入差距过大，不利于对劳动者形成一致性激励，劳动者积极性会受到损害。正如常修泽（2015）指出未来在要素投入结构上的变革方向面临的最突出问题是"人"的潜力没有得到充分发挥，激发劳动要素的积极性是提高劳动效率的一个关键因素。基于此，本章从经济增长势能视角思考要素生产率提升机理与供给侧结构性改革的推进机制，探索结构性变动对于以人为中心的要素资源配置和使用效率的影响。劳动力潜能非激励难以调度和知识增长有可能实现管理的边际报酬递增性，在长期增长中有可能弥补劳动和资本的边际报酬递减性，从而保证长期经济增长中劳动要素生产率增长。基于管理要素的内生性特征，从劳动者积极性激发方面分析长期中维持劳动生产率增长的条件，就在于管理要素的报酬递增性可以抵消劳动要素的边际报酬递减性。

第一节　引　　言

　　改革开放以来，随着我国产业结构的不断优化和升级，服务业增加值在 GDP 中的比重越来越高，2016 年首次超过了 50%，经济服务化趋势明显。其中，传统服务业和现代服务业在整个服务业中的占比，前者约为 1/3，后者约为 2/3①。经济服务化过程是否使我国的生产率得到提高？围绕这个问题，包括"逆库兹涅茨化"效应②（蔡昉，2015；李玉梅，2017）、服务化困境（肖挺，2021）等方面研究指出产业结构调整与升级也存在风险。我国产业结构变迁中的"逆库兹涅茨化"现象局部存在于非农产业中劳动力从工业转移到服务业的进程中，劳动力从第二产业向第三产业转移，是库兹涅茨式的产业结构演进还是"逆库兹涅茨化"，取决于从第二产业转移到第三产业的具体情况（蔡昉，2015）。总体上来说，劳动力从第一产业向第二、第三产业转移，有利于生产率提高。因为工业在我国三个产业中的劳动生产率最高，其次是服务业，而农业劳动生产率最低。实质上，传统服务业中部分低端细分产业生产率较低，现代服务业中部分细分产业由于前沿知识和技术的应用而生产率较高，劳动力从第二产业向第三产业转移过程中，缺乏知识的劳动力会由第二产业向第三产业中的低端服务业转移，存在"逆库兹涅茨化"现象的可能；而知识含量高的劳动力从第二产业向现代服务业转移有助于生产率提高，遵从库茨涅兹化产业演变规律。其中高效率制造业企业自觉服务化过程实质是其知识和技术溢出的过程。企业涉足服务化是一种风险投资（肖挺，2021），服务化能否为企业带来绩效红利、如何有效化解服务化困境关键在于服务业提高生产率。

---

① 蔡昉（2015）把第三产业大体上划分为"传统服务业"（包括批发和零售业、交通运输、仓储和邮政业、住宿和餐饮业、居民服务、修理和其他服务业）和"现代服务业"（包括水利、环境和公共设施管理业、信息传输、软件和信息技术服务业、金融业、房地产业、租赁和商务服务业、科学研究和技术服务业、教育、卫生和社会工作、文化、体育和娱乐业、公共管理、社会保障和社会组织）两类部门，2013 年前者占全部第三产业的比重为 34.7%；后者占全部第三产业的比重为 65.3%。参见，蔡昉. 防止产业结构"逆库兹涅茨化"[J]. 财经界，2015（2）：26-29。

② 库兹涅茨（Kuznets，1941）认为产业结构升级的关键是资源从生产率较低的部门向生产率更高的部门转移，从而使得经济整体的资源配置效率得以提高，这种产业结构变化被称为"库兹涅茨式"产业结构演进。而当一国经济发展到一定阶段，如果产业结构的演化顺序导致资源从生产率较高的部门逆向转移到生产率较低的部门，从而使得整体经济的生产率降低，称为"逆库兹涅茨化"。

在当前以人为中心的产业结构变迁中[①]，有效配置劳动力和知识等生产要素，深刻影响生产率提高的过程。在与生产率紧密相关的劳动力因素中，劳动力的知识拥有量和可以激发劳动者潜能的管理要素，尤其值得重视。产业结构变迁过程要真正成为生产率提高导向型的产业升级和优化过程，最重要的途径是通过知识溢出和劳动力知识量的增长，充分提高劳动力的流动性，通过知识增长实现劳动力由低效率部门向高效率部门流动，恰当配置劳动力资源，有效激发劳动者的积极性。因此，随着经济结构不断优化升级和知识持续增长，在经济服务化背景下有必要深入探讨资本、劳动、管理和知识等生产要素之间的配置状况及其对生产效率的影响。创新之处可能在于从现代服务业发展的知识进展路径视角考察生产要素产出弹性关系，把管理要素纳入现代服务业的生产过程，基于现代服务业的知识密集型特征，考察现代服务业发展过程中知识要素和管理要素对于资本和劳动要素产出贡献的影响，从而厘清现代服务业生产率增长的路径，为我国经济高质量发展、产业结构优化政策制定和执行提供参考。

第二节　相关文献综述

关于资本和劳动等生产要素产出份额的研究中，白重恩等（2008）发现垄断程度对资本收入份额有显著影响，工业部门资本收入份额在近年逐渐增加的主要原因，是垄断程度增加和国有企业改制等非技术因素，而资本—产出比的显著降低或技术进步等技术因素却无显著影响，劳动与资本相对价格的变化对要素分配份额没有显著影响。李稻葵等（2009）指出，从微观行为上看，一个企业劳动所得占产出的比重应该与该企业生产技术中劳动的弹性基本相同，由此可推知，在整体国民经

---

① 随着我国工业化进程到城市化进程的转换，现代经济结构从以产品生产配置为中心全面转向以人为配置中心。参见：刘霞辉，张平，张晓晶. 改革年代的经济增长与结构变迁 [M]. 上海：格致出版社、上海人民出版社，2008.

济中，劳动者所得占国民收入的比重取决于该经济的产业结构，初次分配中的劳动份额会随经济结构而变。国民收入初次分配中劳动份额会出现"U"型规律，原因在于经济发展过程中劳动力在不同部门间的转移是有摩擦的，摩擦力大于资本的运动所面临的阻力，因而劳动力转移速度低于资本的转移速度。这一结果一定是劳动力获得的回报在经济发展过程中低于其边际产出，而资本恰恰相反。所以劳动收入份额在经济发展初期一定是下降的。当劳动力转移逐步完成，劳动收入份额会开始上升。李稻葵等（2010）通过对中国宏观经济数据的分析，发现劳动所得的比重在21世纪以来是逐步下降的。

从上述文献可知，资本和劳动要素的产出份额是否适合经济发展状况，关键受到产业结构、市场竞争程度、技术水平等因素的影响。在关于生产要素的配置状况与生产率关系问题方面，袁志刚和解栋栋（2011）研究发现中国以农业部门就业比例过高为特征的劳动力错配对经济增长的全要素生产率（TFP）有着显著的负效应。罗德明、李晔和史晋川（2012）也指出政策扭曲通过保护那些生产率变化遵循较劣路径的企业，既压抑了私有部门的扩张，也使整个经济的 TFP 增长下降。在长期，资源错置会降低产出水平，并最终导致较低的全要素生产率。蔡昉（2017）指出剩余劳动力按照生产率从低到高的顺序，在产业、行业和地区之间流动，带来资源重新配置效率，成为全要素生产率的主要组成部分。劳动力从农业转移到服务业带来生产率提高，但劳动力从制造业转移到服务业，却未必带来生产率的总体改进。近年来第三产业在就业比重提高的同时，劳动生产率却出现徘徊不前的局面。基于此，他主张遵循生产率提高原则推进现代服务业发展，重点放在那些生产率高且增长迅速的现代服务业上面。李玉梅（2017）对非农产业中服务业劳动份额变动引起的"逆库兹涅茨化"效应的测算表明，在服务业劳动生产率低于工业劳动生产率期间，其劳动份额明显增加，导致"逆库兹涅茨化"效应显著为正。就整体经济而言，尽管存在服务业劳动份额变动所引起的"逆库兹涅茨化"效应，但其数值较小，而且农业劳动份额减少引起的与"库兹涅茨式"结构相契合的劳动再配置效应数值较大能够抵销并超越非农产业中的"逆库兹涅茨化"效应的不利影响。但是在关于资本的再配置效应研究中，发现资本在产业间的再配置效率不高，不能有效地促进全要素生产率的增长。

从技术变迁的角度，原毅军和董琨（2008）指出技术经历着由原始技术、初级技术、中间技术向先进技术、尖端技术的变化，与技术结构相对应的产业结构为劳动密集型产业、劳动资本密集型产业、资本密集型产业、技术密集型产业、知识密集型产业。知识增长和技术升级使产业逐步实现由劳动密集型产业向知识密集型产业的转变，推动产业结构不断优化升级。刘智勇等（2018）认为人力资本结构高级化会使高素质人力资本比重逐步增加，以致形成高级人力资本主导的人力资本结构调整格局，这会不断推动各类技术的消化吸收与应用并诱发创新，从而推动技术结构升级、技术创新和经济增长。戴魁早等（2020）认为服务业结构升级的过程是原有要素或资源会从配置效率较低的传统服务业逐渐向配置效率较高的知识密集型或技术密集型的现代服务业转移，同时，新增资本或资源更多地被配置到效率较高的知识密集型或技术密集型的现代服务业，进而导致现代服务业份额不断上升或服务业结构持续升级。肖挺（2021）为解决制造业企业的"服务化困境"问题考察了企业知识技术资源总量与企业服务化程度之间的关系，研究结果显示对于生产率低的企业来说，当服务化程度较高时，企业服务化程度随着TFP 的上升而下降；对于生产率非常高的企业来说，服务化程度再次上升。也即是说，低效率的企业敢于在服务领域内进行较高程度的拓展，而高效率的企业则存在战略转型的困难，不愿意承担服务化带来的风险，而只有生产率非常高的企业自愿进行服务化。

第三节 管理要素激励功能在经济服务化条件下的作用特征

基于以上文献，又不同于已有文献，本章在经济服务化背景下深入探讨资本、劳动、管理和知识等生产要素之间的配置状况及其对生产效率的影响。纳迪里（Nadiri，1970）在关于索洛剩余值大小及其稳定性的决定因素研究中，认为劳动和资本以外的被生产函数遗漏的其他变量，例如企业家能力等非常重要，如果把索洛核算法中被生产函数遗漏的第三个因素企业家能力 E 加以考虑，则生产函数为 $Y = AL^{\alpha}K^{\beta}E^{\gamma}$，其中 E 作为补足的遗漏变量对总生产率的贡献就是索洛剩余的主要部分。在把企业家能力作为管理要素加入生产函数的基础上，周卫民（2011）、沈坤荣和周卫民（2012）提出并验证了一个产出弹性关系假说即管理要素的产出弹性与资本要素的产出弹性成正比，与劳动要素的产出弹性成反比。具体地说，在生产函数 $Y = AK^{\alpha}L^{\beta}M^{\gamma}$ 中，正常的市场经济条件下，假定技术进步是哈罗德中性的高度工业化经济体中，γ 近似等于 β/α，这表明管理投入的产出弹性 γ 与劳动要素的产出弹性 β 成正比，与资本要素的产出弹性 α 成反比。

在工业经济高度发展之后，随着现代知识和先进技术的广泛应用，我国现代服务业不断发展壮大并日益成为产业主体，劳动者和知识在服务业生产中的作用越来越重要。现代服务业具有知识密集性、消费即时性、生产和消费同步性、小微企业数量众多、生产经营依赖要素的高度流动性等典型特征。服务产品的消费即时性、要素高度流动性等特征，凸显了企业家重组要素和管理的重要性，现代服务业产品生产的非工业化流水线典型特征要求其过程必须以人为中心实施有效管理。在企业中管理实施的主体是企业家，现代服务业内中小微企业数量庞大，因此企业家群体的力量特别值得重视。现代服务业的知识密集型和劳动密集型致使现代服务业发展对劳动者知识增长可能存在路径依赖。现代服务业的以上特点突出了管理过程在现代服务业领域的必要性，管理要素作为生产效率的一个主要来源，对于我国经济高质量发展过程中的效率增进意义重大。

我们认为，管理要素是一种知识性资源，作为经济增长中的一种内生因素，管理要素具有报酬递增性和累积性特征，同时具有激励功能和配置功能。按照管理要素的激励功能和配置功能，把生产投入尝试分类为激励型投入（如劳动）和配置型投入（如资本）。由于管理要素具有激励功能和配置功能，而劳动要素作为一种激励型投入，存在可以挖掘的很大潜能，同时劳动者供给的努力程度难于控制，因此管理要素激励功能的充分发挥是实现劳动要素效率提高的有效途径。而物质资本作为配置型投入，仅仅具有配置效率改进的可能，而不存在类似劳动要素的激励效率改进可能，劳动要素却同时具有可能改进的配置效率和激励效率。在此基础上我们以前的研究提出，在宏观生产中管理要素的产出弹性与劳动要素的产出弹性成正比，与资本要素的产出弹性成反比。

管理要素的主要承载主体是企业家，企业家是一个主要行使激励功能和配置功能的企业组织主体，企业家能力的大小很大程度上反映在其所拥有知识的多寡方面。正如舒尔茨所言："经济发展主要取决于人的质量而不是自然资源的丰瘠或资本存量的多寡。"企业家和劳动力的质量某种程度上会通过其知识禀赋显示出来。同时，由于企业中劳动要素潜能的发挥需要企业家的激励，而且这种潜能发挥的空间还很大，这使得在宏观生产中，管理要素的产出贡献大小可能与劳动要素的贡献正相关。特别是现代服务业的典型特征使得其发展更需要发挥管理的作用，作为管理的主体即企业家和作为管理主要对象的劳动者，他们的知识进展决定了现代服务业的发展情况。

管理过程实质就是通过知识溢出激发劳动者潜能和积极性，从而有效发挥管理对资本的配置功能、对劳动的激励功能，通过知识和技术进步促进现代服务业劳动生产率的有效增长。因此，在现代服务业中生产效率的提高更离不开管理要素的作用，生产要素产出弹性关系在现代服务业发展过程中可能会存在一些特有的作用形式和规律。基于现代服务业的典型特征，在现代服务业发展过程中本章进一步提出生产要素产出弹性关系的推论假说：

其一，如果随着产出的增长，劳动要素的产出弹性越大，管理要素的产出弹性也越大，则意味着管理要素的激励功能发挥得较好，劳动力的潜能得以充分发挥。反之，产出增长中，如果劳动要素的产出弹性变大，管理要素的产出弹性却越小，则意味着管理要素的激励功能发挥得不好。管理要素和劳动要素在现代服务业发展中的重要性日益突出，劳动要素的产出份额会加大，劳动要素的产出弹性越大，会导致管理要素的产出弹性也越大，这有可能成为检验整个社会激励效率的标准。

其二，现代服务业中的要素和资源具有更高的流动性，更适合于全球价值链分工条件下价值链重构。现代服务业是经过先进技术和前沿知识等条件严格筛选而存在的产业，其中知识要素越多服务化水平就会越高，知识总量水平与服务化水平之间存在正相关关系，知识要素增长会影响生产要素产出弹性关系的作用方式。前沿知识和技术在现代服务业领域的应用，催生了较多的服务业新业态，而且这些作为新业态的现代服务业具有很高的生产率，引致更多的高级要素流入现代服务业，使得现代服务业具有更高的要素流动性。要素的高流动性便于价值链重构和价值链升级，有助于实现更高的生产效率，因此，劳动者知识增长与企业家知识溢出，以及管理要素、劳动要素和资本要素三者之间的恰当配置等因素会深刻影响生产效率的提高过程。

现代服务业作为一个知识密集型产业，其发展对知识增长具有路径依赖性。应该说，现代服务业发展伴随着更多高素质劳动力流入，且劳动力的知识不断增长，在知识增长的条件下资本的使用效率提高，这有可能会提高实现稳态增长的人均资本，即资本深化水平。一般来看，现代服务业中劳动者具有更多的知识，新知识和新技术的应用使资本要素的效率没有因为资本深化而出现明显递减趋势。新古典增长理论提出稳态增长的条件是资本深化等于零，这一条件暗含着人均资本不增加，单位资本的生产效率不降低，即在这个人均资本水平上资本要素不会出现边际报酬递减，资本要素边际报酬非递减现象的存在是以劳动要素和管理要素相联系的知识要素发挥作用为条件的。

本章提出的管理、知识、资本和劳动等生产要素之间的产出弹性关系理论推论假说应用到现代服务业领域，有助于进一步探索现代服务业生产效率有效增长的途径，其中要特别重视管理过程在现代服务业中可能存在的形式与作用。为了促进现代服务业快速发展和生产率增长，一个非常重要的方面是通过管理过程中的知识溢出激励劳动者，实现企业家知识向小微企业主和员工有效溢出，通过知识增长和技术改进实现合理的劳动力流动，而劳动力流动也有助于加强知识溢出。当前我国进行供给侧结构性改革的成效与产业结构高度化紧密相关。产业结构高度化就是让生产率高的产业在整个经济中的比重越来越高，这实际上主要归结为现代服务业的快速发展及由此带来的生产率增长。因为现代服务业实质上是通过先进技术、前沿知识和现代管理等条件筛选而存在的产业，一定程度上代表着较高的生产率。

第四节　管理要素投入与生产要素使用效率提升： 基于服务业相关数据的实证分析

传统的索洛模型将总产出视为劳动和资本的生产函数，并没有把土地和管理要素等考虑进去，其生产函数形式为：$Y = AL^{\alpha}K^{\beta}$。式中：Y 表示总产出，A 表示全要素生产率，L 表示劳动，K 表示资本，α、β 分别表示劳动和资本的产出弹性。后来陆续有学者将其他生产要素诸如人力资本、土地和企业家才能等引入这一模型，使得索洛模型不断扩展。本章为了验证生产要素产出弹性关系假说，在索洛模型的基础上主要考察生产要素包括资本、劳动和管理等在生产中的作用。同时，考虑到当前经济发展中知识密集型现代服务业发展较快，知识的作用突出，因此把知识也加入这一模型，进一步考察资本、劳动、管理和知识等要素产出弹性之间的关系。

一、数据来源和处理方法

第一，对资本存量进行估算。首先，确定基年的资本存量。我们从1978 年改革开放之初开始分析，对于基年即 1978 年的资本存量数据，本章采用徐现祥等（2007）的估计结果 6054 亿元。其次，我们将各年按可比价格计算的资本形成总额作为当年的资本增量，这一数据可从

《中国统计年鉴》获得。将资本增量与上一年的资本存量相加作为各年的资本存量的估计值。再次，参照干春晖和郑若谷（2009）计算的资本存量数据（1978年不变价），将其按三次产业固定资产投资占全国比重进行分割后得到基期资本存量，然后使用永续盘存法估算得到各年三次产业资本存量。最后，利用固定资产投资价格指数（1978年=1）对各产业资本存量进行平减得到不变价格计算的三次产业资本存量。固定资产投资价格指数来源于历年《中国统计年鉴》，1990年之前没有固定资产投资价格指数相关数据以工业品出厂价格指数替代。

第二，使用索洛余值法计算全要素生产率（TFP）。索洛（1957）以C－D生产函数为总生产函数，在完全竞争、规模报酬不变、希克斯中性的假设条件下提出了测度TFP的方法，即增长核算法。其公式为式（7－1）：

$$\frac{\Delta Y}{Y} = \frac{\Delta A}{A} + \alpha_K \cdot \frac{\Delta K}{K} + \alpha_L \cdot \frac{\Delta L}{L} \qquad (7-1)$$

其中，产出的增长率$\frac{\Delta Y}{Y}$由资本的贡献$\alpha_K \cdot \frac{\Delta K}{K}$、劳动力的贡献$\alpha_L \cdot \frac{\Delta L}{L}$和全要素生产率$\frac{\Delta A}{A}$构成，$\frac{\Delta Y}{Y}$、$\frac{\Delta K}{K}$、$\frac{\Delta L}{L}$可以从国民核算数据中直接得到。假定生产函数规模报酬不变，即$\alpha_K + \alpha_L = 1$，这样就可以推算出$\frac{\Delta A}{A}$，据此计算得到索洛剩余即为全要素生产率。α_K、α_L分别是资本和劳动的产出弹性。由于模型使用了"技术中性"假设，即在技术进步作用下，资本存量和劳动力投入的生产能力都按同一比例得到提高，其本身并不体现技术进步，技术进步对生产能力的影响完全是通过TFP的变化实现。

利用Y（GDP真实值）、K（资本存量）和L（劳动就业人数）计算全要素生产率（TFP）。本章利用1978～2020年全国国内生产总值数据除以国内生产总值指数（1978=100）计算出真实值，并用真实值除以全国劳动就业人数算出人均GDP；利用计算得出的1978～2020年全国固定资本存量数据除以全国劳动就业人数算出人均资本，通过OLS

回归得到式（7-2）：

$$\ln(Y_t/L_t) = -6.241 + 0.6703\ln(K_t/L_t) \qquad (7-2)$$
$$(12.65, \ 0.0000)$$
$$R^2 = 0.9801, \ DW = 1.98$$

自变量人均资本的系数为 0.6703，其 t 统计量和 P 值分别为 12.65 和 0.000，由此可以看出回归结果显著，这样得到 $a_k = 0.6703$，$a_l = 0.3297$，将 a_k、a_l、实际产出增长率、劳动力增长率和资本存量增长率代入式（7-1），便得到了我国 1979~2020 年的全要素生产率（TFP）增长率。

本章用 TFP 刻画管理要素在生产中的作用。按照索洛理论，索洛剩余是总产出中除资本和劳动贡献以外的部分，纳迪里（Nadiri，1970）就注意到劳动和资本以外、被生产函数遗漏的其他变量如企业家能力等的重要性，如果对被生产函数遗漏的第三个因素加以考虑，则生产函数中遗漏的变量对总生产率的贡献就是索洛剩余部分。实质上，以企业家能力为主体部分的管理要素是效率的主要来源之一，要充分重视管理要素对于生产率增长的作用。TFP 提高过程中一个主要部分是管理要素对效率的增进作用。所以，引入作为全要素生产率主要来源之一的管理要素，有助于进一步解释经济增长和经济发展质量的来源。基于此，本章用 TFP 来替代管理要素。

第三，回归模型的选择。为了分析三次产业中资本、劳动、管理和知识等要素的产出弹性，使用以下三个模型分别进行回归，计量出三次产业中资本、劳动、管理和知识的产出弹性。

模型一：$Y_i = a + \beta_1 K_i + \beta_2 L_i + \mu$ \qquad (7-3)

模型二：$Y_i = a + \beta_1 K_i + \beta_2 L_i + \beta_3 M_i + \mu$ \qquad (7-4)

模型三：$Y_i = a + \beta_1 K_i + \beta_2 L_i + \beta_3 M_i + \beta_4 learn + \mu$ \qquad (7-5)

其中，$Y_i(i=1, 2, 3)$ 代表第一、第二、第三产业产值，$K_i(i=1, 2, 3)$ 代表第一、第二、第三产业资本量，$L_i(i=1, 2, 3)$ 代表第一、第二、第三产业劳动就业人数，M 是用全要素生产率表示的管理。此外，为了把知识在生产中的作用表示出来，在模型三中加入变量 $learn$，变

量 *learn* 用图书新出版种数（单位：种）代理，用以刻画知识在各个产业生产中的作用。

第四，数据来源。以上模型中各个变量样本数据为 1978～2020 年时间序列数据。其中，Y 和 Y_i（$i=1$，2，3）分别代表全国总产值和第一、第二、第三产业总产值，并分别用国内生产总值指数和第一、第二、第三产业增加值指数（1978 年=100）折算增加值为真实值。K_i（$i=1$，2，3）是用前述方法估算出来的三次产业各自的资本存量。L_i（$i=1$，2，3）是三次产业各自就业人数。以上原始数据来源于历年《中国统计年鉴》《中国第三产业统计年鉴》《中国劳动统计年鉴》《中国科技统计年鉴》和各地统计公报等。各个变量的处理方法和统计量详情见表 7－1。

表 7－1 模型变量统计性描述

变量性质	变量符号	变量名称	处理方法	均值	最小值	最大值
因变量	Y	国内生产总值	用国内生产总值指数（1978 年=100）折算（单位：亿元）	13233.14	3678.7	25302.24
	Y_1	第一产业产值	用第一产业增加值指数（1978 年=100）折算（单位：亿元）	5926.9	1018.5	13174.2
	Y_2	第二产业产值	用第二产业增加值指数（1978 年=100）折算（单位：亿元）	4143.18	1755.1	6531.4
	Y_3	第三产业产值	用第三产业增加值指数（1978 年=100）折算（单位：亿元）	4265.5	849.8	9533.7
自变量	K	总资本量	用固定资产投资价格指数（1978 年=100）折算（单位：亿元）	115082	6054	693031.6
	K_1	第一产业资本量	用第一产业固定资产投资占全国比重乘以总资本量（单位：亿元）	8245.9	143.95	56236.4

变量性质	变量符号	变量名称	处理方法	均值	最小值	最大值
自变量	K_2	第二产业资本量	用第二产业固定资产投资占全国比重乘以总资本量（单位：亿元）	51267.9	3450.3	297264.1
	K_3	第三产业资本量	用第三产业固定资产投资占全国比重乘以总资本量（单位：亿元）	55568.3	2459.8	339531.2
	L	总劳动力数量	就业人员数（单位：万人）	65789.14	40152	76349
	L_1	第一产业劳动力数量	第一产业就业人员数（单位：万人）	30583.67	17715	39098
	L_2	第二产业劳动力数量	第二产业就业人员数（单位：万人）	16087.37	6945	23226
	L_3	第三产业劳动力数量	第三产业就业人员数（单位：万人）	19118.12	4890	35806
	M	全要素生产率（TFP）	按照本文计算 TFP 方法计算得出	−0.0045	−0.1271	0.1819
控制变量	$Learn$	知识	图书新出版种数（单位：种）	111118.7	11888	262415

二、模型回归结果

三个模型的回归结果如表 7-2、表 7-3 和表 7-4 所示。

表 7-2　　　　　　　　　　模型一回归结果

因变量 Y_i	第一产业	第二产业	第三产业	总体
K_i	0.0021 (0.00045)***	0.000019 (0.0000098)**	0.000048 (0.000009)***	0.102 (0.0098)***

续表

因变量 Y_i	第一产业	第二产业	第三产业	总体
L_i	0.0006 (0.0013)	0.0031 (0.00016)***	0.0026 (0.000084)***	0.0039 (0.00026)***
常数项	21.68 (42.1)	-9.148 (2.26)***	-9.3743 (1.3117)***	-149.82 (16.261)***
样本容量	42	42	42	42
R^2	0.6318	0.9541	0.988	0.9378

模型一回归分析产出与资本、劳动要素之间关系。回归结果中，第一产业劳动对产出的作用效果不显著，第二产业和第三产业资本和劳动对各自产出的作用效果显著。

表7-3　　　　　　　　　　模型二回归结果

因变量 Y_i	第一产业	第二产业	第三产业	总体
K_i	0.00097 (0.00018)***	0.0000601 (0.000089)***	0.0000305 (0.000018)*	0.000184 (0.000021)***
L_i	-0.00227 (0.00049)***	0.00177 (0.000218)***	0.0028 (0.00024)***	0.00378 (0.000033)***
M_i	63.363 (3.955)***	15.589 (2.275)***	-4.28 (3.791)	0.988 (0.0199)***
常数项	4.614 (15.36)	-18.68 (2.069)***	-5.32 (3.829)	11.1147 (3.6304)***
样本容量	42	42	42	42
R^2	0.9525	0.9795	0.9884	0.9991

模型二回归分析产出与资本、劳动和管理要素之间关系。回归结果中，第一产业资本、劳动和管理对产出作用效果均在1%水平显著，其中劳动的系数值为负，表明在模型中加入管理要素后劳动对于第一产业

产值存在反向作用，这一结果产生的可能原因在于，从效率因素角度考虑劳动的产出贡献，如果仅仅有一定的劳动力数量而没有劳动力质量增长，劳动要素对于产出增长的贡献会很低，而管理要素的系数值较大且显著。第二产业中资本、劳动和管理的系数为正，均存在正向作用，其中管理要素的系数较大。第三产业中管理要素系数为负且作用效果并不显著。

表 7 - 4 模型三回归结果

因变量 Y_i	第一产业	第二产业	第三产业	总体
K_i	0.000386 (0.00009) ***	0.0000368 (0.0000101) ***	0.000077 (0.000014) ***	0.0001625 (0.000029) ***
L_i	-0.00092 (0.00026) ***	0.00077 (0.00034) **	0.000828 (0.00035) **	0.00351 (0.0000371) ***
M_i	35.36 (3.099) ***	18.48 (2.136) ***	13.94 (3.858) ***	0.9076 (0.0153) ***
$Learn$	0.000252 (0.000022) ***	0.0000715 (0.00002) ***	0.000134 (0.000021) ***	0.000079 (0.000095) ***
常数项	-9.305 (7.435)	-14.69 (2.11) ***	-18.53 (3.355) ***	9.859 (2.167) ***
样本容量	42	42	42	42
R^2	0.9895	0.9849	0.9946	0.9997

注：表7-2、表7-3和表7-4中系数下面括号中的数字为标准差，***、**、*分别表示显著性水平为1%、5%和10%。

模型三回归分析产出与资本、劳动、管理、知识之间关系。回归结果中，各个产业各个系数的影响效果都显著。特别值得注意的是第三产业在模型加进知识要素后，管理要素的系数变为正数，而且管理要素的系数都较大，说明作用效果显著且影响较大。资本要素的系数没有明显变化，也基本能够说明资本要素的产出贡献并没有在服务业产出中降低比重。

从上述三个模型计量检验的结果来看，回归的各项检验值指标均相当不错，系数的 t 统计量说明模型中各个变量的系数都显著；R^2 除了模型一中第一产业之外均达到 0.9 以上，说明拟合优；另外，F 检验值与 DW 检验值的结果也都符合要求。通过对上述三个模型回归方程的残差序列各自进行单位根检验，结果显示，在 5% 的置信水平下，残差序列不存在单位根，说明上述回归方程不是伪回归。所以结果可用。按照上述三个回归方程进行计量的目的主要是把在服务业中加入知识要素和管理要素后，各种生产要素可能的产出贡献大概表现出来，这一计量结果一定程度上可以印证本章提出的理论假说推论。

三、经济服务化条件下生产要素使用效率变化的理论解说

以上资本、劳动和管理三种要素之间产出弹性关系存在的一个非常明显的理由是，劳动力的潜能非激励难以调度，管理要素对劳动要素的激励作用可以提高劳动要素的产出贡献。实质上，现代服务业作为一种知识密集型产业，管理要素在其中起作用主要通过知识性资源与劳动者结合方式实现，管理性知识对劳动者的溢出会带来劳动产出的增长。管理的对象主要是人，劳动力的可激励特征是管理促进效率的基础，管理要素提高效率的首要途径是与劳动力或人力资本相结合，因为管理要素对资本、劳动和土地都可以进行配置，但劳动除了有配置效率之外，还有激励效率。多数企业家认为，企业组织中大部分劳动力 70% ~ 80% 的潜能没有充分发挥，而且这种存在于劳动者个体内的潜能非激励难以发挥。美国哈佛大学詹姆士教授在对员工激励的研究中也发现，按时计酬的分配制度仅能让员工发挥 20% ~ 30% 的能力，如果受到充分激励，员工的能力可以发挥出 80% ~ 90%，两种情况之间 60% 左右的差距就是有效激励的结果。① 因此，若劳动要素在生产中投入比例越大，将有

---

① 科学激励机制可以开发员工潜在能力 [N/OL]. 新浪财经网，2009 - 11 - 18，https：//finance. sina. com. cn/2011/20091118/07073116387. shtml.

更大的劳动力潜能可以通过管理要素的激励而得以挖掘和发挥，从而通过管理要素而产生的整体要素使用效率会越高。伴随着经济服务化过程，现代服务业在我国经济中所占比重日益增大。在知识、劳动密集型现代服务业中，劳动要素被激励的作用特征对于服务产出增加来说会更加突出。

从模型二和模型三回归结果比较中可以看出，模型二在第二产业中加入管理要素，资本、劳动和管理要素对第二产业产出影响显著，其中管理要素对产出的影响作用尤其值得重视。而在模型二第三产业中，管理要素对第三产业产值的作用不显著而且系数为负。实质上，在我国第三产业即服务业中，现代服务业和传统服务业并存，现代服务业中现代知识和现代技术广泛应用，生产效率较高，产业的演进和结构的优化如果遵循资源例如劳动由其他产业进入现代服务业，不会存在"逆库茨涅兹化"现象。传统服务业中劳动力知识含量低、技术水平不高，导致传统服务业中部分低端细分产业生产率较低，资源由其他产业进入传统服务业可能会存在"逆库茨涅兹化"现象。由于传统服务业中知识和技术的应用条件和基础不充分，管理要素作为一种知识溢出的主体和激发劳动者积极性的效能不高，从而使得模型二第三产业中管理要素对第三产业产值的作用不显著。在模型三控制知识变量后，模型三第三产业中管理要素的系数为正而且作用效果显著，其中可能原因是通过加入知识变量后在第三产业中把现代服务业中知识要素的作用凸显出来，从而把管理要素通过知识溢出与激发劳动者积极性来提高要素效率的作用强化了，这使得管理要素的作用也很显著。

这个实证结果表明，现代服务业中知识要素越多，服务化水平就会越高，知识总量水平与服务化水平之间存在紧密联系。现代服务业作为知识、劳动密集型产业，劳动要素在生产中投入比例变大，知识在生产中的作用越来越重要。现代服务业很多产品无法使用工业流水线生产完成，现代服务业产品的本质特性使产品从生产到消费的实现过程必须加强对人的管理并提高人对服务品相关知识的吸收。在知识性现代服务业中，管理实质就是通过知识溢出发挥更大的效应和作用，管理过程更倾向于是一个知识溢出和共享的过程，是一个不断激发人的积极性和潜能的过程，是一个非程序化的过程。实质上因为程序化的处理方法总是可以用法规和法令来替代。而服务业的特征使得服务产品的生产相比工业品来说，更偏向非程序化的过程，需要管理来激励和发挥劳动者潜能，以便提供更符合需求的服务产品，因此管理要素在现代服务业中的作用更值得重视。经济服务化条件下，现代服务业的典型特点使得其比工业化时期更需要管理要素发挥作用。

服务业作为一个范畴广泛、概念尚不具体清晰的产业，对服务业领域知识分类的细化和概念精细化有助于知识传递，有助于激发劳动者潜能，最终有助于形成现代服务业新业态，不断提取默认知识并显性化，促进生产率增长。管理过程促进各类知识在生产主体和消费主体间共享，通过知识的增长、传播和溢出，激励劳动者发挥更大的劳动潜能。实质上，与劳动要素相比，资本要素的非激励性和边际报酬递减性，必然会使资本的贡献份额降低，但实证结果并没有明显表明资本要素的产出贡献在服务业中比重降低，可能原因是劳动要素的知识性和可激励性使得劳动要素报酬递增弱化了资本的边际报酬递减现象，现实生产中还是需要改变资本投入过快增长的现状。在要素产出弹性关系规律支配下，不断提高劳动力自身素质，特别是增加其知识禀赋，将是管理要素充分发挥激励作用的一个关键条件，为了使要素的投入结构最佳以便实现最大的配置效率和激励效率，必须增大管理投入。

从知识增长的角度来看，教育或知识是决定未来劳动力流向的基础和条件，接受了什么教育掌握了何种知识，直接影响着劳动力的去向。因此，对于农民工和大学生群体提供的教育会影响未来产业的配置状况。对于农业剩余劳动力，通过农业生产率提高而转移出来的农业劳动者，在他们进入第二、第三产业之前，应该为他们免费提供培训和教育，通过知识的增长，使他们在新的就业部门实现更大的劳动潜能，从而避免产业结构变迁的"逆库兹涅茨化"。对于企业主群体要大力提高其企业家能力，企业家会通过重组要素创立新生产组织引致劳动力流动，同时考虑通过小微企业主在企业内部传递知识给服务业中的劳动者。

第五节　本章小结

经济服务化过程是一个经济体服务业比重不断上升的过程，在这一过程中为防止"逆库兹涅茨化"现象出现，必须切实提高各种要素生产率。现代服务业作为一种知识密集型和劳动密集型特征突出的产业，知识要素和劳动要素在生产中的作用尤为值得重视。经济服务化过程实质是劳动力不断向服务业转移的过程，三次产业结构优化和产业结构高度化其实就是以劳动力为主的各种资源要素重配能有效提高要素生产效率。本章基于现代服务业知识密集性、劳动要素比重高、生产经营依赖要素的高度流动性、小微企业数量众多等突出特点，深入思考管理过程对于现代服务业发展的效率促进作用。管理要素作为一种知识性资源，通过知识溢出激发劳动者潜能，对于一个非程序化的生产和经营过程来说，管理过程是实现效率增长的有效途径。而服务业产品本身的特性和现代服务业的特点决定了现代服务业产品和服务的提供本身是一个偏非程序化的过程。基于此，本章把管理要素和知识要素纳入生产效率增长分析函数，从理论和经验两个方面分析劳动、资本、管理和知识等要素在产出中的贡献及其产出弹性关系，从而为真正实现现代服务业发展过程中的效率增长提供思路。

理论分析和实证结果表明，现代服务业中的劳动要素及其知识含量是影响服务业产出增长和效率提高的主要因素。劳动要素的可激励特征及知识量与产出效率紧密相关，而发挥劳动要素的潜能离不开管理要素的激励过程和知识溢出过程。在管理要素的激励功能和知识溢出功能下，资本要素的边际报酬递减现象因为劳动要素的作用而弱化，仅具有配置功能的资本要素的产出贡献并没有在服务业产出中降低比重。通过对现代服务业中生产要素产出弹性关系的进一步推论和分析，本章特别强调劳动者知识增长、管理投入积累、小微企业主知识提高和知识溢出等，对于现代服务业生产率增长的作用。要素产出弹性关系理论推论启示我们，不断提高劳动力自身素质特别是增加其知识禀赋将是管理要素充分发挥激励作用的一个关键条件，为了使要素的投入结构最佳以便实现最大的配置效率和激励效率，必须增大管理投入。因此，对于企业主群体，要大力提高其企业家能力，而企业家会通过重组要素引致劳动力流动、在企业内部传递知识给企业中的劳动者，这样就可以有效激发劳动者积极性。对服务业领域知识分类的细化和概念精细化有助于知识溢出和知识增长，为此对不同劳动者群体选择不同的知识进行传递，有助于优化未来产业的配置状况。

第八章

主 要 结 论 与 政 策 建 议

我们认为中国结构性问题的核心症结在于经济差距拉大形成了经济增长势能并影响了经济增长率，基于此，本书从经济增长势能视角对要素生产率提升的内在机理进行研究，着重从提高要素流动性、激发劳动者积极性等方面探索提升劳动生产率的作用机制和可行途径，主要在于提升要素质量、优化产业结构来实现提高要素流动性、激发劳动者积极性的目的，最终促进要素生产率提升。

第一节　经济增长势能视角下我国经济结构性问题的典型特征

我国经济转轨过程中行政垄断、市场分割和地方保护等体制性遗留是导致经济差距拉大的主要因素。实质上只要这些阻碍资源和要素流动的因素存在，随着经济发展，资源和要素的价格就会自然拉开差距，经济发展越快，差距就越大。这些阻碍资源和要素流动的因素的累积形成了经济增长势能，即制约资源和要素流动的诸多摩擦因素集合在一起，损失经济增长动能，形成影响经济增长的势能。基于此，探索以人为中心的结构性变动对于要素资源配置和使用效率的影响尤为重要。

随着各种经济差距变大，社会阶层日益固化，降低了社会流动性，形成的经济增长势能影响了劳动者生产积极性。收入快速增长加大了高、低收人者之间的收入势差，不断变大的收入势能偏离原有收入势能期望参量，导致劳动者个体乃至群体动机和行为异化，高收入群体满足于已有福利，低收入群体被低端锁定，使宏观制度或政策由于不能有效激励劳动等要素发挥积极性而无法实现效率增进。差距过大形成的经济增长势能最终会影响生产要素效率的提升，由于具有主观能动性的劳动要素没有充分发挥作用，对于具有巨大激励潜能的劳动要素来说，个体收入差距过大，不利于对劳动者形成一致性激励，劳动者积极性会受到损害。激发劳动要素的积极性是提高劳动效率的一个关键因素。

随着经济全球化，产品内分工成为当前国际分工的主要形式，导致各个国家和地区间的产业竞争演变为价值链重构竞争。全球价值链重构意味着各国之间依托传统的产业间分工所形成的产业结构体系正在趋向瓦解，产业发展的国别独立性和完整性被打破，单个经济体的产业仅仅成为全球产业网络中的一个节点，产业价值链的跨国分离与整合使各国原先较为完整的产业先行解构，再重新组合为一个新的全球性的产业结构。这为我国进行价值链重构和产业链重构为核心的资源重配提供了有利契机。

当前全球产业已进入新竞争阶段，中国产业迈向价值链中高端面临严峻挑战，全世界范围内数字经济智能经济已经成为引领未来全球经济发展的新焦点。如何提升中国产业在全球价值链中的地位，解决产业发展过程中突出矛盾和问题，利用全球性生产网络，加快产业升级，推动中国产业向全球价值链高端迈进，是国家战略目标实现的重大现实需求。我国制造业大而不强，为此必须通过不断提升要素质量，把前沿知识、先进技术和现代管理等高级要素与以人为主的生产要素结合，推进产业链重构和价值链重构，充分提高价值链中能够实现价值增长的关键环节和优势产业的竞争力，通过智能经济发展带动产业升级，引领社会生产率增长。从根本上来看，要素结构与要素质量决定产业结构与产业质量，产业素质决定产业的竞争力和价值链地位，因此只有提高生产要素质量，尤其是人的要素的质量才能提高要素流动性，从而提高生产积极性和要素生产率。

第二节 劳动生产率增长的制约因素

我国生产效率的变动情况主要表现在资本效率和劳动生产率、全要素生产率等几个方面。通过对我国经济增长率与全要素生产率、资本效率和劳动生产率等变量之间关系的细致分析，发现我国近年投资效率有下降趋势。全要素生产率对于经济增长的贡献偏低，而且全要素生产率增长不稳定。与世界其他国家比较，我国劳动生产率处在较低水平，虽然近年来劳动生产率有快速上涨趋势，但最近几年劳动生产率增长速度开始放缓，这同时也说明我国劳动生产率具有上升空间。通过与拉美国家和东亚国家劳动生产率的比较，发现我国在面临中等收入陷阱风险中所具有的优势和不足都与劳动生产率紧密联系。我国劳动人口数量多，劳动者具有勤劳传统，劳动者生产积极性高，这是我国提高劳动生产率跨越增长陷阱可以发挥的优势。这个优势也具体反映在我国劳动产出的价值量与劳动投入的价值量之比高于美国等国家。与此同时，收入分配不均、贫富差距较大、工人们的工资和福利水平较低是我国现存的比较严重的问题。因此，我国要加大结构调整和优化的力度，缩小收入差距。

收入增长一定意义上就像运动的物体由低向高处变动一样，同样遵循动能和势能的转化规律，特别是对于具有主观能动性的劳动力而言，收入势能更能解释随着收入增长过程，部分所有者变得更加富有，而其他人变得相对贫穷，这种相对收入状态的改变会导致原来可能目标一致的群体出现有差异的行为和动机，最终导致部分劳动者积极性受影响而影响劳动生产率的整体提高。基于此，本书构建了简单收入势能模型，把消费者个体的收入视为一个刚体，对单个个体来说，其收入增长按照物理学的能量理论，具有动能和势能。如果个人收入增长的速度较快，其具有的动能较大，同时个人收入偏离正常期望运行水平的概率会增大。对于任意两个个体而言，如果起初的收入差距越小，则个体行为方式和工作积极性等相对较为接近，可以视为两人之间的吸引势能越大。如果以每个人收入增长所期望的运行状态对应的势能为参考值 0，借用增长加速度干扰的基本原理可以得出，收入增长流的势能和趋于 0 时，收入增长越稳定，个体行为方式和工作积极性的边际差异越小，群体工作协调性系数越高。

根据最小势能原理，收入从低水平高速增长到中等收入或高收入水平，收入增长的动能会逐渐转变成收入势能，如果收入势能大于期望势能参量，即大于 0，违背最小势能原理，收入势能会转化为降低收入增长的负动能，会绝对地减小增长速度。因此，当收入增长到某个水平或阶段后，应该通过某种方式在这个平台上作出合理的调整，使收入势能尽可能等于期望参量 0。在收入势能达到这个期望参量后，个体行为方式和工作积极性的边际差异再次变小，群体工作协调性系数变得更高，促使劳动要素的单位效率提高，收入增长会重新回到一个快速增长的通道。因此，在收入增长由低水平达到中等收入水平以后，收入势能重回期望参量（0）的过程长短决定了经济体在这个阶段停留的时间长短。由此可以解释中等收入陷阱形成的原因，同时也可以看出劳动生产率增长速度受制于收入势能的高低。

与此同时，在我国经济的快速增长过程中，收入差距必然会同时存在，像我国这么庞大的经济体不可能长期维持在一个最小势能范围。随着经济差距的扩大，让低效率部门的劳动力向高效率部门流动，从而尽可能减小高效率群体和低效率群体之间的势差，提高整体劳动生产率。基于此，本书还构建了跨部门增长模型论述劳动力从低效率部门向高效率部门流动对劳动生产率提升和经济增长带来的影响。模型分析指出，当效率高低不同的两个部门中低效率劳动力向高效率部门转移，并给予低效率部门转移而来的劳动力同等的待遇，可以提高高效率部门劳动力数量规模，促进经济增长。

第三节　促进劳动生产率增长率
提升的途径与措施

　　从我国产业间、城乡间、国有非国有经济间、区域间经济差距分析来看，要素资源包括劳动力资源在上述效率存在差异的部门之间流动，可以提高要素使用效率。实质上，我国城镇化的过程就是一个不断让农村人口向城镇转移的过程，这个过程同时就是第一产业即农业劳动人口向第二、第三产业不断转移的过程，因此我国工业化和城镇化是相伴而行的。从国际发展经验看，城市化的高速发展对服务业发展具有巨大的带动力。由于经济发达地区工业化进程更快，农村人口充分地向城镇转移，非国有经济率先发展，在工业化和城镇化过程中，落后地区劳动力等要素资源仍然会分化流向发达地区，劳动力流动存在非农产业化、非国有化和城镇化的现象，这个过程是劳动力追求高收益和高报酬的过程，这个过程本身也就是劳动生产率不断得到改进的过程，但条件是只要让市场对劳动力等各种资源起配置作用，而不存在政府的任何干预行为。

　　我国在价值链中由于上游要素市场的行业垄断等特征，知识和技术等要素不易扩散和流通，资源要素的流动性在供应者主要参与的上游环节，弱于生产者主要参与的下游环节（盛斌等，2020）。虽然国内价值链中生产制造类企业参与全球价值链竞争程度较高，但仍被锁定在价值链中低端，不能进入中高端的原因与上游环节的要素流动性不高等因素紧密相关。因此，通过价值链重构和产业链重构，有助于提高要素和资源的流动性，并且提高资源和要素流动性也有助于进行价值链重构；重构价值链和产业链，关键在于发展和完善中间品市场。在价值链上游环节垄断程度高、价值链下游环节竞争程度高的国内价值链中，通过发展中间品市场逐渐突破上游环节的垄断性，把上游环节中被封锁而不易流动的知识、技术要素吸引到中间品市场，推进上游市场中产品的分工，通过中间品市场发展促进上游垄断产品进行产品内分工，不断与下游环节竞争程度高的产品市场对接。对这个问题的研究有待深入。

充分发挥管理要素的激励功能，激发劳动力的生产积极性。我国在资源瓶颈制约下，劳动生产率的提高将会成为我国增长方式转换到效率驱动模式的一个突破口。因为劳动生产率的提高不仅可以强化劳动资源的数量优势，而且也可以提高雇佣劳动的资本的回报率即利润率，高利润率会加速经济社会中的储蓄转化为投资，从而优化社会资源的配置，最终促进经济健康稳定发展。而这一切有赖于企业家才能所促成的管理红利，即在技术一定的条件下管理红利是由经济中企业家才能对劳动努力程度的激励而提高的生产效率所形成的超额收益。我国劳动者具有的勤奋耐劳传统为企业家才能激发劳动努力程度，发挥劳动者潜能，提高劳动效率提供了特有的条件，如果我国把企业家才能恰当配置在生产性活动上，通过对劳动资源的激励和优化利用，社会生产效率将会得到极大提高，我国增长方式会根本转变到要素效率驱动的类型上来，从要素投入驱动的增长方式向要素效率驱动的增长方式的转变必然会大大降低经济波动的可能。因此，由企业家才能带来的效率改进为我国经济高质量发展提供了效率保障。

充分利用前沿知识、先进技术、信息和数据等高级要素，提高要素素质，优化要素结构，提升产业素质和优化产业结构，提高产业竞争力。产业结构优化即三次产业中第二产业和第三产业所占比重提高、城镇化即城镇人口规模加大、市场化即非国有经济比重提高和区域经济平衡发展这些经济结构性变化会改进劳动生产率。我国经济高质量发展的内容之一就是要实现经济高速增长向高效增长转变，高效增长不是不要速度，而是要建立在新的增长动力基础上的速度。从高速增长转向高效增长，就是要让创新成为驱动发展的新引擎。创新的主体是企业家，企业家对生产要素和生产条件进行重新组合，为增强创新对经济增长的驱动力，这就要求政府持续加大简政放权力度，让企业家可以根据自己对市场的判断独立作出投资决策和经营决策，把经济自主权真正交给企业家手中，充分发挥企业家创新和创造的动力，在企业家激励下激发各种要素资源的生产潜力，调动全社会增加创新投入的积极性，挖掘劳动力潜能，充分提高劳动生产率。

总之，我国经济在由高速增长向中高速增长、高效增长转型，关键是要转变过度依赖投资等投入要素数量简单扩张的增长模式。第一，政府在进行宏观经济管理中，要保障并加大劳动者消费对健康、人力资本投入的作用，努力提高劳动者的生产潜能，并通过创造合适的制度以便于发挥劳动潜能，重视企业家能力的激励作用。第二，要着力改善收入差距过大的格局，我国现存的经济结构主要体现在产业间、城乡间、所有制间和区域间的收入差距明显，过大的收入差距会导致经济增长速度放缓，部分拉美国家就是典型的例子。这是因为一方面低收入群体把收入的大部分都只用于食品等基本支出，而不能进行更多的人力资本投资，造成人力资本积累速度缓慢，而另一方面少数高收入群体追求奢侈消费，例如对房地产等奢侈品的追逐，一定程度上导致生产结构扭曲。低收入者受城市房价高等生活成本高的影响，抑制了人力资本投资的积极性。在人口结构已经发生变化，高劳动人口比例产生的优势已经失去的当前条件下，我国要发挥人口多的优势，一个有效的办法就是提高人力资本投资，提高劳动者潜能。第三，要切实通过城镇化、工业化和服务经济的发展，让劳动力从低效率部门向高效率部门的转移过程顺畅，从全局上重视中西部落后区域经济的发展。可持续的城镇化、工业化过程必然伴随着城乡差距、工农业差距的缩小，为此要真正实现公共服务均等化，打破户籍制度对人口流动的限制，放宽农村土地流转的范围，加快农业现代化，让市场在整个社会资源的配置过程中发挥决定性作用。

参 考 文 献

[1] 巴里．诺顿著．中国经济：转型与增长 [M]．安佳，译．上海：上海人民出版社，2010.

[2] 白清．生产性服务业促进制造业升级的机制分析——基于全球价值链视角 [J]．财经问题研究，2015（4）：17－23.

[3] 白重恩，钱颖一，谢长泰．中国的资本回报率 [J]．比较，2007，28（1）：1－22.

[4] 白重恩，钱震杰，武康平．中国工业部门要素分配份额决定因素研究 [J]．经济研究，2008（8）：16－28.

[5] 蔡昉．防止产业结构"逆库兹涅茨化" [J]．财经界，2015（2）：26－29.

[6] 蔡昉．中国经济改革效应分析——劳动力重新配置的视角 [J]．经济研究，2017（7）：4－16.

[7] 蔡昉．中国经济增长如何转向全要素生产率驱动型 [J]．中国社会科学，2013（1）：56－71.

[8] 常进雄，王丹枫．初次分配中的劳动份额：变化趋势与要素贡献 [J]．统计研究，2011（5）：58－64.

[9] 常修泽．论人本形经济结构——对中国新阶段结构转型战略的新思考 [J]．经济社会体制比较，2015（5）：16－30.

[10] 钞小静，沈坤荣．城乡收入差距、劳动力质量与中国经济增长 [J]．经济研究，2014（6）.

[11] 车维汉，杨荣．技术效率、技术进步与中国农业全要素生产率的提高——基于国际比较的实证分析 [J]．财经研究，2010（3）.

[12] 陈昌盛，何建武，在控制风险前提下努力向新常态转换

[M]//刘世锦.在改革中形成增长新常态.北京:中信出版社,2014.

[13] 程大中,陈福炯.中国服务业相对密集度及其对劳动生产率的影响[J].管理世界,2005(2):77-84.

[14] 程大中.中国参与全球价值链分工的程度及演变趋势——基于跨国投入-产出分析[J].经济研究,2015(9):4-16.

[15] 程名望,JinYanhong,盖庆恩,史清华.中国农户收入不平等及其决定因素——基于微观农户数据的回归分解[J].经济学(季刊),2016,15(3):1253-1274.

[16] 戴魁早,李晓莉,骆莙函.人力资本结构高级化、要素市场发展与服务业结构升级,财贸经济[J].2020(10):129-146.

[17] 戴翔.中国制造业国际竞争力——基于贸易附加值的测算[J].中国工业经济,2015(1):78-88.

[18] 都阳,曲玥.劳动报酬、劳动生产率与劳动力成本优势——对2000-2007年中国制造业企业的经验研究[J].中国工业经济,2009(5).

[19] 多恩布什,等.宏观经济学(第六版)[M].北京:中国人民大学出版社,1997.

[20] 樊纲,张晓晶."福利赶超"与"增长陷阱":拉美的教训[J].管理世界,2008(9):12-24.

[21] 樊茂清,黄薇.基于全球价值链分解的中国贸易产业结构演进研究[J].世界经济,2014(2):50-70.

[22] 方绍伟.中国不一样[M].北京:中国发展出版社,2013.

[23] 费尔南多,丽雅,郑秉文.跨越中等收入陷阱:巴西的经验教训[M].北京:经济管理出版社,2013.

[24] 干春晖,郑若谷.改革开放以来产业结构演进与生产率增长研究——对中国1978-2007年"结构红利假说"的检验[J].中国工业经济,2009(2):55-65.

[25] 干春晖,郑若谷,余典范.中国产业结构变迁对经济增长和波动的影响[J].经济研究,2011(5):4-16.

[26] 高帆，石磊.中国各省份劳动生产率增长的收敛性：1978－2006年[J].管理世界，2009（1）.

[27] 龚六堂，谢丹阳.我国省份之间的要素流动和边际生产率的差异分析[J].经济研究，2004（1）：45－53.

[28] 国家统计局.新中国65年统计资料汇编[M].北京：中国统计出版社，2015.

[29] 国务院发展研究中心课题组.农民工市民化对扩大内需和经济增长的影响[J].经济研究，2010（6）：4－16.

[30] 黄益平，蔡昉，彭旭，等.中国发展的新常态[M]//郜若素，蔡昉，宋立刚.中国经济增长与发展新模式.北京：科学文献出版社，2014.

[31] 惠炜，韩先锋.生产性服务业集聚促进了地区劳动生产率吗？[J].数量经济技术经济研究，2016（10）：37－56.

[32] 江时学，等.拉美与东亚发展模式比较研究[M].北京：世界知识出版社，2001.

[33] 江小涓.服务全球化的发展趋势和理论分析[J].经济研究，2008（2）：4－18.

[34] 江小涓.服务业增长：真实含义、多重影响和发展趋势[J].经济研究，2011（4）：4－14.

[35] 黎峰.增加值视角下的中国国家价值链分工——基于改进的区域投入产出模型[J].中国工业经济，2016（3）：52－67.

[36] 李程骅.现代服务业推动城市转型研究[M].北京：中国社会科学出版社，2017.

[37] 李稻葵，何梦杰，刘霖林.我国现阶段初次分配中劳动收入下降分析[J].经济理论与经济管理，2010（2）：13－19.

[38] 李稻葵，刘霖林，王红领.GDP中劳动份额演变的U型规律，经济研究[J].2009（1）：70－82.

[39] 李京文，钟学义.中国生产率分析前沿[M].北京：社会科学文献出版社，2007.

［40］李路路．改革开放 40 年中国社会阶层结构的变迁 ［J］．武汉大学学报（哲学社会科学版），2019（1）：168 – 176.

［41］李路路，石磊，朱斌．固化还是流动？——当代中国阶层结构变迁四十年 ［J］．社会学研究，2018（6）：1 – 35.

［42］李路路，朱斌，王煜．市场转型、劳动力市场分割与工作组织流动 ［J］．中国社会科学，2016（9）：126 – 145.

［43］李任玉，杜在超，龚强，何勤英．经济增长、结构优化与中国代际收入流动 ［J］．经济学（季刊），2018，17（3）：995 – 1012.

［44］李实，万海远．劳动力市场培育与中等收入陷阱——评《中国劳动力市场发展报告 2011—2013》［J］．经济研究，2014（4）：187 – 191.

［45］李小平，卢现祥．中国制造业的结构变动和生产率增长 ［J］．世界经济，2007（5）.

［46］李玉梅．中国产业结构变迁中"逆库兹涅茨化"效应测量及分析，数量经济技术经济研究 ［J］．2017（11）：98 – 114.

［47］厉以宁，等．中国经济学 70 年：回顾与展望——庆祝新中国成立 70 周年笔谈（下）［J］．经济研究，2019（10）：4 – 23.

［48］林民书，韩润娥．我国第三产业发展滞后的原因及结构调整 ［J］．厦门大学学报（哲学社会科学版），2005（1）：111 – 118.

［49］林毅夫，蔡昉，李周．比较优势与发展战略——对"东亚奇迹"的再解释 ［J］．中国社会科学，1999（5）：4 – 20.

［50］林毅夫．新结构经济学 ［M］．北京：北京大学出版社，2012.

［51］凌永辉，刘志彪．中国服务业发展的轨迹、逻辑与战略转变——改革开放 40 年来的经验分析 ［J］．经济学家，2018（7）：45 – 54.

［52］刘斌，王杰，魏倩，祝坤福．制造业服务化与价值链升级 ［J］．经济研究，2016，51（3）：151 – 162.

［53］刘世锦．读懂十四五——新发展格局下的改革议程 ［M］．北京：中信出版社，2021.

［54］刘维林．劳动要素的全球价值链分工地位变迁——基于报酬份额与嵌入深度的考察 ［J］．中国工业经济，2021（1）：76 – 94.

[55] 刘伟. 供给侧结构性改革：历史客观性、突出特点及制度创新要求 [J]. 河北经贸大学学报，2017 (1)：1-4.

[56] 刘伟，苏剑. "新常态"下的中国宏观调控 [J]. 经济科学，2014 (4)：5-13.

[57] 刘伟. 中国市场经济发展研究——市场化进程与经济增长和结构演进 [M]. 北京：经济科学出版社，2009.

[58] 刘霞辉，张平，张晓晶. 改革年代的经济增长与结构变迁 [M]. 上海：格致出版社、上海人民出版社，2008：20.

[59] 刘志彪. 提升生产率：新常态下经济转型升级的目标与关键措施 [J]. 审计与经济研究，2015 (4)：77-84.

[60] 刘志彪，张杰. 从融入全球价值链到构建国家价值链：中国产业升级的战略思考 [J]. 学术月刊，2009 (9)：59-68.

[61] 刘志彪，张少军. 中国地区差距及其纠偏：全球价值链和国内价值链的视角 [J]. 学术月刊，2008 (5)：49-55.

[62] 刘智勇，李海峰，胡永远，李陈华. 人力资本结构高级化与经济增长——兼论东中西部地区差距的形成和缩小 [J]. 经济研究，2018 (3)：50-63.

[63] 卢志渊. 价值链视阈下中国制造业国际竞争力提升路径研究 [M]. 厦门：厦门大学出版社，2016.

[64] 陆铭，陈钊. 因患寡，而患不均——中国的收入差距、投资、教育和增长的相互影响 [J]. 经济研究，2005 (12)：4-14.

[65] 吕铁. 制造业结构变化对生产率增长的影响研究 [J]. 管理世界，2002 (2).

[66] 吕越，陈帅，盛斌. 嵌入全球价值链会导致中国制造的"低端锁定"吗？[J]. 管理世界，2018 (8)：11-29.

[67] 吕越，罗伟，刘斌. 异质性企业与全球价值链嵌入：基于效率和融资的视角 [J]. 世界经济，2015，38 (8)：29-55.

[68] 罗德明，李晔，史晋川. 要素市场扭曲、资源错配与生产率 [J]. 经济研究，2012 (3)：4-14.

[69] 马晓河. 中等收入陷阱"的国际观照和中国策略 [J]. 改革, 2011 (11): 5-16.

[70] [美] 迈克尔·波特. 竞争优势 [M]. 陈小悦, 译. 北京: 华夏出版社, 2003.

[71] 楠玉, 袁富华. 服务业高端化与增长效率模式重塑——兼论人力资本梯度升级与知识生产消费一体化过程 [J]. 北京工业大学学报 (社会科学版), 2021 (4): 72-82.

[72] 倪红福. 全球价值链中产业"微笑曲线"存在吗?——基于增加值平均传递步长方法 [J]. 数量经济技术经济研究, 2016 (11): 111-126.

[73] 庞明川. 中国宏观调控的体制基础与政策绩效 [J]. 世界经济, 2008 (7): 88-96.

[74] 庞瑞芝, 邓忠奇. 服务业生产率真的低吗? [J]. 经济研究, 2014 (12): 86-99.

[75] 彭晓, 李源. 上海市就业结构变迁对劳动生产率影响的研究 [J]. 中国市场, 2010 (9).

[76] 任保平, 宋文月. 新常态下中国经济增长潜力开发的制约因素 [J]. 学术月刊, 2015 (2): 15-22.

[77] 任重, 周云波. 垄断对我国行业收入差距的影响到底有多大? [J]. 经济理论与经济管理, 2009 (4): 25-30.

[78] 沈坤荣. 供给侧结构性改革是经济治理思路的重大调整 [J]. 南京社会科学, 2016 (2): 1-3.

[79] 沈坤荣, 周卫民. 中国经济增长中的管理要素: 理论梳理和实证分析 [J]. 科研管理, 2012 (5): 153-160.

[80] 沈能. 局域知识溢出和生产性服务业空间集聚——基于中国城市数据的空间计量分析 [J]. 科学学与科学技术管理, 2013 (5): 61-69.

[81] 盛斌, 苏丹妮, 邵朝对. 全球价值链、国内价值链与经济增长: 替代还是互补 [J]. 世界经济, 2020 (4): 3-27.

[82] 石喜爱，李廉水，程中华："互联网+"对中国制造业价值链攀升的影响分析 [J]. 科学学研究，2018 (8)：1384 – 1394.

[83] 孙浦阳，韩帅，许启钦. 产业集聚对劳动生产率的动态影响 [J]. 世界经济，2013 (3)：33 – 53.

[84] 屠年松，易泽华. 价值链重构研究综述 [J]. 管理现代化，2018 (1)：110 – 113.

[85] 王洪亮，徐翔. 收入不平等孰甚：地区间抑或城乡间 [J]. 管理世界，2006 (11)：41 – 50.

[86] 王岚，李宏艳. 中国制造业融入全球价值链路径研究——嵌入位置和增值能力的视角 [J]. 中国工业经济，2015 (2)：76 – 88.

[87] 王岚. 融入全球价值链对中国制造业国际分工地位的影响 [J]. 统计研究，2014 (5)：17 – 23.

[88] 王亚芬，肖晓飞，高铁梅. 我国收入分配差距及个人所得税调节作用的实证分析 [J]. 财贸经济，2007 (4)：18 – 23.

[89] 王燕武，李文溥，张自然. 对服务业劳动生产率下降的再解释——TFP 还是劳动力异质性 [J]. 经济学动态，2019 (4)：18 – 32.

[90] 魏婕，任保平. 要素生产率和经济增长质量的理论与实证分析——基于 1952 ~ 2007 年的数据 [J]. 山西财经大学学报，2009 (11)：36 – 44.

[91] 温忠麟，张雷，侯杰泰，刘红云. 中介效应检验程序及其应用 [J]. 心理学报，2004 (5)：614 – 620.

[92] 吴先华，盛巧燕，陈易天. 从"中国制造"到"中国智造"——《中国工业经济》青年作者学术研讨会观点综述 [J]. 中国工业经济，2014 (11)：82 – 89.

[93] 吴育辉，张欢，于小偶. 机会之地：社会流动性与企业生产效率 [J]. 管理世界，2021 (12)：74 – 93.

[94] 习近平. 在省部级主要领导干部学习贯彻党的十八届五中全会精神专题研讨班上的讲话 [N]. 人民日报，2016 – 01 – 18 (1).

[95] 夏杰长，谭洪波. 服务贸易之商业存在：规模、竞争力和行

业特征［J］. 财经问题研究, 2019 (11): 14 - 22.

［96］肖挺. 怎样的制造企业更愿涉足服务业务? ——"服务化困境"问题的生产率匹配探析［J］. 统计研究, 2021 (2): 57 - 72.

［97］肖文, 殷宝庆. 垂直专业化的技术进步效应——基于27个制造业面板数据的实证分析［J］. 科学学研究, 2011 (3): 382 - 389.

［98］肖兴志. 中国制造迈向全球价值链中高端研究: 路径与方略［M］. 北京: 商务印书馆, 2021.

［99］徐莉, 唐亮. 中部六省制造业结构调整与劳动生产率关系的实证研究［J］. 技术经济. 2010 (6).

［100］徐现祥, 刘秉镰, 陈诗一, 等. 增长动力转换与高质量发展［J］. 经济学动态, 2019 (6): 63 - 72.

［101］徐现祥, 周吉梅, 舒元. 中国省区三次产业资本存量估计［J］. 统计研究, 2007 (5).

［102］杨继军, 范从来. "中国制造"对全球经济"大稳健"的影响——基于价值链的实证检验［J］. 中国社会科学, 2015 (10): 92 - 113.

［103］杨丽君. 供给侧改革视阈下中国制造业的知识溢出效应［J］. 科研管理, 2019 (10): 161 - 168.

［104］杨凌, 李国平, 于远光. 区域生产率增长的源泉及其特征——基于结构红利假说的实证检验［J］. 财经论丛, 2010 (7).

［105］杨天宇, 曹志楠. 中国经济增长速度放缓的原因是"结构性减速"吗?［J］. 中国人民大学学报, 2015 (4): 69 - 79.

［106］杨勇. 全球价值链要素收入与中国制造业竞争力研究［J］. 统计研究, 2019 (12): 5 - 14.

［107］姚战琪. 生产率增长与要素再配置效应: 中国的经验研究［J］. 经济研究, 2009 (11).

［108］尹恒, 龚六堂, 邹恒甫. 收入分配不平等与经济增长: 回到库茨涅兹假说［J］. 经济研究, 2005 (4): 17 - 22.

［109］余斌, 吴振宇. 中国经济新常态与宏观调控政策取向［J］.

改革，2014（11）：17-25.

[110] 余泳泽，潘妍. 中国经济高速增长与服务业结构升级滞后并存之谜——基于地方经济增长目标约束视角的解释 [J]. 经济研究，2019（3）：150-165.

[111] 袁富华. 长期增长过程的"结构性加速"与"结构性减速"：一种解释 [J]. 经济研究，2012（3）：127-140.

[112] 袁富华. 服务业的要素化趋势分析：知识过程与增长跨越 [J]. 中国特色社会主义研究，2016（6）：25-34.

[113] 袁富华，楠玉，张平. 超越集聚：城市化与知识经济的一类理论认识 [J]. 北京工业大学学报（社会科学版），2020（2）：71-81.

[114] 袁富华，张平. 经济现代化的制度供给及其对高质量发展的适应性 [J]. 中国特色社会主义研究，2019（1）：39-47.

[115] 袁富华，张平，刘霞辉，楠玉. 增长跨越：经济结构服务化、知识过程和效率模式重塑 [J]. 经济研究，2016（10）：12-26.

[116] 袁富华，张平. 知识技术阶层再生产：效率和发展的一类等价命题 [J]. 经济与管理评论，2018（6）：15-24.

[117] 袁志刚，解栋栋. 中国劳动力错配对TFP的影响分析 [J]. 经济研究，2011（7）：4-17.

[118] 袁中华. "逆全球化"趋势下中国制造业价值链的重构与攀升 [J]. 宏观经济研究，2021（8）：71-80.

[119] 原毅军，董琨. 产业结构的变动与优化：理论解释和定量分析 [M]. 大连：大连理工大学出版社，2008.

[120] 原毅军，刘浩. 中国制造业服务外包与服务业劳动生产率的提升 [J]. 中国工业经济，2009（5）：67-76.

[121] 岳希明，徐静. 我国个人所得税的居民收入分配效应 [J]. 经济学动态，2012（6）：16-25.

[122] 张建华，程文. 服务业供给侧结构性改革与跨越中等收入陷阱 [J]. 中国社会科学，2019（3）：39-61.

[123] 张金昌. 中国的劳动生产率：是高还是低？——兼论劳动生

产率的计算方法 [J]. 中国工业经济, 2002 (4).

[124] 张培刚. 发展经济学教程 [M]. 北京: 经济科学出版社, 2001.

[125] 张平. 全球价值链分工与中国制造业成长 [M]. 北京: 经济管理出版社, 2014.

[126] 张其仔, 许明. 中国参与全球价值链与创新链、产业链的协同升级 [J]. 改革, 2020 (6): 58 - 70.

[127] 张晓攀. 全球价值链视角下中国制造业的国际分工地位研究 [M]. 北京: 经济日报出版社, 2021.

[128] 张月友, 董启昌, 倪敏. 服务业发展与"结构性减速"辨析——兼论建设高质量发展的现代化经济体系 [J]. 经济学动态, 2018 (2): 23 - 35.

[129] 赵昌文, 许召元, 朱鸿鸣. 工业化后期的中国经济增长新动力 [J]. 中国工业经济, 2015 (6): 44 - 54.

[130] 赵勇, 白永秀. 知识溢出: 一个文献综述 [J]. 经济研究, 2009 (1): 144 - 156.

[131] 郑京海, 胡鞍钢, Arne Bigsten. 中国的经济增长能否持续?——一个生产率视角 [J]. 经济学季刊, 2008, 7 (3): 778 - 807.

[132] 中国经济增长前沿课题组. 突破经济增长减速的新要素供给理论、体制与政策选择 [J]. 经济研究, 2015 (11): 4 - 19.

[133] 中国经济增长前沿课题组. 中国经济长期增长路径、效率与潜在增长水平 [J]. 经济研究, 2012 (11): 4 - 17.

[134] 中国社会科学院工业经济研究所课题组. 提升产业链供应链现代化水平路径研究 [J]. 中国工业经济, 2021 (2): 80 - 97.

[135] 周天勇. 体制剩余: 转轨经济学的一个重要范畴——体制性剩余要素市场化改革及经济增长的新潜能 [J]. 学术月刊, 2021 (4): 45 - 55.

[136] 周卫民. 供给侧结构性改革的原因与突破: 基于收入势能的考察 [J]. 上海财经大学学报, 2016 (6): 4 - 15.

[137] 周卫民. 技术进步中生产要素产出弹性关系假说及其检验

[J]. 当代财经，2011（3）：29－37.

[138] 邹华生. 东亚与拉美劳动力素质的分析与比较 [J]. 亚太经济，1998（7）：39－43.

[139] Acemoglu D. Introduction to Modern Economic Growth [M]. Princeton：Princeton University Press，2008.

[140] Aghion P，E Caroli，C Garcia－Penalosa. Inequality and Economic Growth：The Perspective of the New Growth Theories [J]. Journal of Economic Literature，1999，Vol，37，No. 4.

[141] Aghion P，R Blundell，R Griffith，P Howitt，S Prantl. The Effects of Entry on Incumbent Innovation and Productivity [J]. The Review of Economics and Statistics，2009，91（1）：20－32.

[142] Alesina A，D Rodrik. Distributive Politics and Economic Growth [J]. Quarterly Journal of Economics，1994，vol. 109，No. 2（May）.

[143] Amiti M，Wei S J. Service Offshoring and Productivity：Evidence from the US [J]. World Economy，2009，32（2）：203－220.

[144] Antonio C，Robert H E. Productivity and the Density of Economic Activity [J]. American Economic Review. 1996，86（1）：54－70.

[145] Bala Ramasamy，Matthew Yeung. A causality analysis of the FDI－wages-productivity nexus in China [J]. Emerald Group Publishing in its Journal of Chinese Economic and Foreign Trade Studies，2010，3（1）：5－23.

[146] Baldwin J R，Yan B. Global Value Chains and the Productivity of Canadian Manufacturing Firms，Economic Analysis [J]. Statistics Canada Economic Analysis Research Paper Series，2014（90）.

[147] Banerjee A V，A F Newman. Occupational Choice and the Process of Development [J]. Journal of Political Economy，1993，101（2）：274－298.

[148] Banerjee A V，E Duflo. Inequality and growth：What can the data say? [J]. Journal of Economic Growth，2003，8（3）.

[149] Barro, Robert J, Xavier Sala-i-Martin. Economic Growth [M]. New York: MIT Press, 2004: 56-60.

[150] Baumol W J. Macroeconomics of Unbalanced Growth: The Anatomy of Urban Crisis [J]. American Economic Review, 1967, 57 (3), 415-426.

[151] Berg A, J D Ostry, C G Tsangarides, Y Yakhshilikov. Redistribution, Inequality, and Growth: New Evidence [J]. Journal of Economic Growth, 2018, 23 (3): 259-305.

[152] Bloom D E, D Canning, et al. The Demographic Dividend: A New Perspective on the Economic Consequences of Population Change [J]. RAND Corporation, 2002: 1-103.

[153] Chiarvesio M, Di Maria E, Micelli S. Global Value Chains and Open Networks: The Case of Italian Industrial Districts [J]. European Planning Studies, 2010, 18 (3): 333-350.

[154] Clarke G R. More Evidence on Income Distribute and Growth [J]. Journal of Development Letters, 1995, 78 (2).

[155] Costinot A, Vogel J, Wang S. An Elementary Theory of Global Supply Chains [J]. Review of Economic Studies, 2013, 80 (1): 109-144.

[156] Dedrick J, Kraemer K L, Linden G. Who Profits from Innovation in Global Value Chains? A Study of the IPod and Notebook PCs [J]. Industrial and Corporate Change, 2010, 19 (1): 81-116.

[157] Drake Brockman J. The Importance of Measuring the Delivery of Services Via Commercial Presence of Offshore Foreign Affiliates: Some Case Studies from Australian Business Experience [R]. Asian Development Bank Institute Working Paper, 2011, No. 295.

[158] Easterly W, R Levine. It's Not Factor Accumulation: Stylized Facts and Growth Models [J]. World Bank Economic Review, 2001, 15 (2), 177-219.

[159] Eichengreen B, Park D, Shin K. Growth Slowdowns Redux: New Evidence on the Middle Income Trap [R]. NBER Working Paper 18673, 2013.

[160] Felipe J. Total Factor Productivity Growth in East Asia: A Critical Survey [J]. Journal of Development Studies, 1999, 35: 1 – 41.

[161] Forbes K J. A Reassessment of the Relationship between Inequality and Growth [J]. American Economic Review, 2000, 90 (4): 869 – 887.

[162] Forslid R, Ottaviano G I P. An Analytically Solvable Core-periphery Model [J]. Journal of Economic Geography, 2003 (3): 229 – 240.

[163] Fuchs R V. The Service Economy [M]. New York: Columbia University Press, 1968.

[164] Fujita M, Ogawa H. Multiple Equilibria and Structural Transition of Non – Monocentric Configurations [J]. Regional Science and Urban Economics, 1982, 12: 161 – 96.

[165] Fu Shihe, Hong Junjie. Information and Communication Technologies and the Geographical Concentration of Manufacturing Industries: Evidence from China [J]. Urban Studies, 2011, 48 (11): 2339 – 2354.

[166] Galor O, O Moav. From Physical to Human Capital Accumulation: Inequality and the Process of Development [J]. Review of Economic Studies, 2004, 71 (4): 1001 – 1026.

[167] Gereffi G. Beyond the Producer-driven /Buyer-driven Dichotomy the Evolution of Global Value Chains in the Inter- et Era [J]. IDS Bulletin, 2001, 32 (3): 30 – 40.

[168] Gereffi G, Humphrey J, Sturgeon T J. The Governance of the Global Value Chains [J]. Review of International Political Economy, 2005, 12 (1): 78 – 104.

[169] Gereffi G. International Trade and Industrial Upgrading in the Apparel Commodity Chains [J]. Journal of International Economics, 1999, 48: 37 – 70.

[170] Goodhart, C C Xu. The Rise of China as an Economic Power [J]. National Institute Economic Review, 1996, 155 (1): 56 –80.

[171] Guisan C. Employment and Productivity in Five EU Countries, 1985 – 2005 [J]. Applied Econometrics and International Development, 2006, 6 (3).

[172] Huang Y P. A Labor Shortage in China [J]. Wall Street Journal, 2004 (7).

[173] Huang Y P, Tao K Y. Factor Market Distortion and the Current Account Surplus in China [J]. Asian Economic Papers, 2010, 9 (3): 1 – 36.

[174] Huang Y P. The 'New Normal' of Chinese Growth [J]. East Asia Forum, 2012, 14 October, http://www. eastasiaforum. org/2012/10/14/the-new-normal-of-chinese-growth/.

[175] Humphrey J, Schmitz H. Governance and Upgrading: Linking Industrial Cluster and Global Value Chains Research [R]. IDS Working Paper, No. 12, Institute of Development Studies University of Sussex, 2000.

[176] Humphrey J, Schmitz H. How Does Insertion in Global Value Chains Affect Upgrading in Industrial Clusters [J]. Regional Studies, 2002, 9 (36): 1017 –1027.

[177] Humphrey J. Upgrading in Global Value Chains [M]. Social Science Electronic Publishing, 2004: 209 –239.

[178] Hu Z F, Khan M S. Why Is China Growing So Fast? [J]. IMF Economic Issues, 1997.

[179] Kaldor N. Causes of the Slow Rate of Economic Growth of the United Kingdom: An Inaugural Lecture [M]. Cambridge: Cambridge University Press, 1966.

[180] Kearney M S, Levine P B. Income Inequality, Social Mobility, and the Decision to Drop Out of High School [J]. Brookings Papers on Economic Activity, 2016 (1): 333 –380.

[181] Kelly W. International Technology Diffusion [J]. Journal of Economic Literature, 2004, 42 (3): 752 –782.

[182] Kummritz V. Do Global Value Chains Cause Industrial Development? [J]. CTEI Working Papers series, 2016 (1).

[183] Kuznets S. National Income and Its Composition, 1919 – 1938 [M]. New York: National Bureau of Economic Research, Inc, 1941.

[184] Kuznets S. Economic Growth and Income Inequality [J]. American Economic Review , 1955, 45.

[185] Lee, Ronald D. The Formal Demography of Population Aging, Transfers, and the Economic Life Cycle, in Demography of Aging [M]. Washington. D. C: National Academy Press, 1994: 20 –22.

[186] Lee W. Inequality and Redistribution: Political Parties May Matter [J] . Journal of Institutional and Theoretical Economics, 2014, 170 (3): 482 –495.

[187] Maddison A. Chinese Economic Performance in the Long Run [M]. Paris and Washington, D. C. : Organization for Economic Cooperation and Development, 1998.

[188] Maddison A. Statistics on World Population, GDP and Per Capita GDP, 1 –2008AD [R/OL]. Groningen Growth & Development Genter, University of Groningen, 2011, http: //www. ggdc. net/maddison/Historical –Statistics/horizontal-file –02 –2010. xls.

[189] Marota A. Rubalcaba L. Services Productivity Revisited [J] . Service Industries Journal, 2008, 28 (3), 337 –353.

[190] Meltzer A. H. , Richard S. F. A Rational Theory of the Size of Government [J]. Journal of Political Economy, 1981, 89 (5): 914 – 927.

[191] Michael, Peneder. Industrial Structure and Aggregate Growth [J]. Structural Change and Economic Dynamics, 2003, 14 (11).

[192] Michael, Peneder, Serguei Kaniovski, Bernhard Dachs. What

Follows Tertiaresation? Structural Change and the Role of Knowledge – Based Services [J]. The Service Industries Journal, 2003, 23 (2).

[193] Mohring, H. Land Values and the Measurement of Highway Benefits [J]. Journal of Political Economy, 1961 (June): 236 – 249.

[194] Nadiri M I. Some Approaches to the Theory and Measurement of Total Factor Productivity: A Survey [J]. Journal of Economic Literature, 1970, 8 (4): 1137 – 1177.

[195] Naodhuas W D. Alternative Methods for Measuring Productivity Growth [R]. NBER Working Paper 8095, 2001.

[196] O'Mahony M, Ark B V. EU Productivity and Competitiveness: An Industry Perspective: Can Europe Resume the Catching-up Process? [M]. European Community, Luxembourg: Enterprise Publications, 2003.

[197] Oulton N. Must the Growth Rate Decline? Baumol's Unbalanced Growth Revisited [J]. Oxford Economic Papers, 2001, 53 (3).

[198] Peneder, Michael. Industrial Structure and Aggregate Growth [J]. Structural Change and Economic Dynamics, 2003, 14: 427 – 448.

[199] Roberts K W S. Voting over Income Tax Schedules [J]. Journal of Public Economics, 1977, 8 (3): 329 – 340.

[200] Romer T. Individual Welfare, Majority Voting, and the Properties of a Linear Income Tax [J]. Journal of Public Economics, 1975, 4 (2): 163 – 185.

[201] Ross Guest, Ian McDonald. The Impact of Population Aging on the Socially Optimal Rate of National Saving: A Comparison of Australia and Japan [J]. Review of Development Economics, 2001 (5): 312 – 327.

[202] Rubin, A., and D. Segal. The Effects of Economic Growth on Income Inequality in the US [J]. Journal of Macro-economics, 2015, 45 (5): 258 – 273.

[203] Sasaki H. The Rise of Service Employment and Its Impact on Aggregate Productivity Growth [J]. Structural Change and Economic Dynamics,

2007, 18 (4).

[204] Schmooler I. Invention and Economic Growth [M]. Cambridge, Mass: Harvard University Press, 1966.

[205] Solow R M. Technical Change and The Aggregate Production Function [J]. Review of Economics and Statistics, 1957 (39): 312 – 320.

[206] Taglioni D, Winkler D. Making Global Value Chains Work for Development [M]. Washington, DC: World Bank Publications, 2016.

[207] Teece D J. Technological Change and the Nature of the Firm. In G. Dosi; C. Freeman; R. Nelson; G. Silver-berg and L. Soete eds. , Technical Change and Economic Theory [M]. London: Pinter, 1988.

[208] Triplett J E, Bosworth B. Productivity Measurement Issues in Services Industries: "Baumol's Disease" Has Been Cured [J]. Economic Policy Review, 2003, 9 (3): 23 – 33.

[209] Wang Z, Wei S J, Zhu K F. Quantifying International Production Sharing at the Bilateral and Sector Level [R]. NBER Working Papers, No. 19677, 2013.

[210] Wen G. Total Factor Productivity Change in China's Farming Sector: 1952—1989 [J]. Economic Development and Cultural Change, 1993, 42 (1): 1 – 41.

[211] Wolfl A. Productivity Growth in Service Industries: An Assessment of Recent Patterns and the Role of Measurement [R]. OECD Science, Technology and Industry Working Papers No. 2003/7.

[212] World Bank. China 2020: Development Challenges in the New Century. Washington D. C. [R]. The World Bank, 1997.

[213] Young A. Gold into Base Metals: Productivity Growth in the People's Republic of China during the Reform Period [J]. Journal of Political Economy, 2003, 111 (6): 1220 – 1261.

[214] Zheng J, A Hu. An Empirical Analysis of Provincial Productivity in China (1979 – 2001) [J]. Journal of Chinese Economic and Business

Studies, 2006, 4 (3): 221 – 239.

[215] Zheng, Jinghai, Liu, Xiaoxuan, Bigsten, Arne. Efficiency, Technical Progress, and Best Practice in Chinese State Enterprises (1980 – 1994) [J]. Journal of Comparative Economics, 2003, 31: 134 – 152.